**BIBLIOTECA
NATUREZA**

C O L E Ç Ã O
Quatro
Estações

Flores do Outono

Coordenador Editorial
Vinícius Casagrande

Editor e Diretor Responsável	Aydano Roriz
Diretor Executivo	Luiz Siqueira
Diretor Editorial	Roberto Araújo
Edição	Vinícius Casagrande
Texto	Luísa Pollo
Fotos e consultoria botânica	Valerio Romahn
Capa	Welby Dantas
Edição de Arte e Projeto Gráfico	Alexandre (Nani) Dias
Editor de arte	Ivan Volpe
Revisão	Cátia de Almeida

Dados Internacionais de catalogação na Publicação(CIP)
(Câmara Brasileira do Livro, SP, Brasil)

Flores do outono / coordenador editorial Vinícius Casagrande. -- São Paulo : Editora Europa , 2009.

ISBN 978-85-86878-98-5

1. Botânica 2. Flores - Enciclopédias 3. Jardinagem 4. Paisagismo I. Casagrande, Vinícius.

09-09404   CDD-582.1303

Índices para catálogo sistemático:
1. Enciclopédias ilustradas : Flores do outono : Botânica 582.1303
2. Flores do outono : Enciclopédias ilustradas : Botânica 582.1303

Impressão IBEP Gráfica

© 2009 Editora Europa Ltda. Todos os direitos reservados
Publicado por Editora Europa Ltda. Rua M.M.D.C., 121 - CEP 05510-900
São Paulo/SP - Tel.: 11 3038-5050 (Grande São Paulo) ou 0800 557667

www.europanet.com.br

Apresentação

Cada estação tem seus encantos. Não consigo deixar de gostar da imagem clássica das folhas caindo, amarelas ou avermelhadas, toda vez que se fala de outono. Aliás, sempre achei as árvores com as folhas vermelhas que via nas fotos um simples truque de imagem. Até a primeira vez que fui à Europa e comprovei que, sim, elas ficam vermelhas mesmo. É quase chocante para quem vive em um país tropical como o Brasil. Desde então, sempre que posso viajo para países de zona temperada no outono. É um friozinho suportável para brasileiros e, de verdade, fiquei enfeitiçado pelo colorido da paisagem.

A mudança de cor e queda das folhas é uma demonstração do que acontece com tudo que é vivo: há um ápice e depois vem o descanso. O outono é a transição, a época na qual as plantas diminuem o ritmo alucinante que tiveram na primavera e no verão e se preparam para a dormência do inverno. Muitas das flores que surgiram na primavera se tornam frutos no verão e podem ser colhidas no outono.

Não, definitivamente, o outono não é a época mais florida do ano. Tanto que este livro é o menor da coleção Quatro Estações. As plantas que florescem no outono, como o cacto flor-de-maio ou o arbusto cabeleira-de-velho, são bem poucas. A maioria das mostradas neste volume mantém a floração que começou no verão e se estende por mais esta estação. As orquídeas são um caso à parte. Estas sim, têm floradas espetaculares no outono.

Por isso, o ideal é sempre fazer canteiros, escolher árvores ou arbustos com floração em diferentes épocas. O objetivo desta coleção é esse mesmo: mostrar a você como ter seu jardim florido durante todo o ano, independentemente da temperatura e das características da estação.

Roberto Araújo

Árvore-da-china
Koelreuteria bipinnata

Bulbofilo
Bulbophyllum 'Louis Sander'

Sumário
Nomes populares

- Abélia 12
- Amarcrinum 14
- Árvore-batata-azul-variegada . 16
- Árvore-da-china 18
- Bacopa 20
- Bidens 22
- Boldo-rasteiro 24
- Bulbofilo 26
- Cabeleira-de-velho 28
- Catleia 30
- Catleia 32
- Cipó-de-ouro 34
- Cipó-de-sino 36
- Clerodendro 38
- Crisântemo-do-pacífico 40
- Dendróbio 42
- Dúngsia 44
- Estapélia 46
- Flor-de-abril 48
- Flor-de-maio 50
- Hipérico 52
- Ipê-de-jardim 54
- Jasmim-carolina 56
- Jasmim-dos-poetas 58
- Jasmim-neve 60
- Laélia 62
- Lírio-beladona 64
- Maxilária 66
- Orelha-de-leão 68
- Pata-de-elefante 70
- Pata-de-vaca 72
- Planta-batom 74
- Planta-gelo-da-europa 76
- Quaresmeira-rasteira 78
- Rosa-de-pedra-sedosa 80
- Ruélia-vermelha 82
- Sálvia-cereja 84
- Sofronites 86
- Trepadeira-limão 88
- Trepadeira-sanguínea 90
- Trombeta-da-china 92
- Trudélia 94
- Zigopétalo 96

Trudélia
Trudelia cristata

Hipérico
Hypericum kouytchense)

Dendróbio
Dendrobium bigibbum

Ipê-de-jardim
Tecoma stans

Nomes científicos

- Abelia x grandiflora 12
- Aeschynanthus pulcher 74
- Amaryllis belladonna 64
- Bauhinia purpurea 72
- Beaucarnea recurvata 70
- Bidens ferulifolia 22
- Bulbophyllum 'Louis Sander' ..26
- Campsis grandiflora 92
- Cattleya labiata 30
- Cattleya walkeriana var. coerulea.32
- Chrysanthemum pacificum 40
- Clerodendrum splendes 38
- Dendrobium bigibbum 42
- Dillenia indica 48
- Dungsia harpophylla...............44
- Echeveria setosa 80
- Euphorbia leucocephala 28
- Gelsemium sempervirens 56
- Hadrolaelia coccinea 86
- Heterocentron elegans............78
- Hypericum kouytchense..........52
- Jasminum multiflorum 60
- Jasminum polyanthum............58
- Koelreuteria bipinnata 18
- Laelia anceps var. veitchiana ..62
- Leonotis leonurus....................68
- Manettia cordifolia 90
- Mansoa difficilis......................36
- Maxillaria tenuifolia var. nigra ...66
- Peixotoa reticulata 34
- Pereskia aculeata....................88
- Plectranthus neochilus 24
- Ruellia chartacea 82
- Salvia microphylla var. neurepia 84
- Schlumbergera truncata 50
- Sedum telephium 76
- Solanum rantonnetii 'Variegata' .16
- Stapelia hirsuta 46
- Sutera cordata 20
- Tecoma stans 54
- Trudelia cristata 94
- X Amarcrinum memoria-corsii ...14
- Zigopetalum crinitum 96

Abélia
Abelia x grandiflora

Arbusto originário do cruzamento entre *Abelia chinensis* e *Abelia uniflora*, a abélia tem pequenas flores brancas e rosadas, que surgem intensamente do verão até o início do inverno. Pode ser cultivada em renques, isoladamente, formando maciços em grandes gramados ou ainda como cerca viva. Pode ser topiada ou receber podas de formação – no caso do cultivo como cerca viva –, mas somente após a florada.

FICHA TÉCNICA
- **Origem:** China
- **Família:** Caprifoliáceas (*Caprifoliaceae*)
- **Característica:** Arbusto semilenhoso e muito ramificado. Pode alcançar 3 m de altura
- **Clima:** Temperado, tolerante a climas mais quentes, como o subtropical
- **Luminosidade:** Sol pleno
- **Propagação:** Por estaquia

Amarcrinum
X Amarcrinum memoria-corsii

Planta híbrida de folhas carnosas, longas, estreitas e encurvadas. Nos meses de verão e outono, despontam no alto das longas hastes flores róseas em formato de sino, muito perfumadas. A herbácea é cultivada como bordadura ou compondo grandes maciços, a sol pleno ou meia-sombra. Após a florada, o bulbo da planta pode ser desenterrado, limpo e guardado, podendo aproveitar para retirar os bulbilhos grudados no bulbo para a multiplicação. Esses bulbos devem ser plantados novamente assim que começarem a brotar, em meados da primavera.

FICHA TÉCNICA

- **Origem:** Hibridada a partir do cruzamento entre *Amaryllis belladonna* e *Crinum moorei*, ambas da África do Sul
- **Família:** Amarilidáceas (*Amaryllidaceae*)
- **Característica:** Herbácea bulbosa, entouceirada e vigorosa de até 80 cm de altura
- **Clima:** Subtropical, tolerante a clima temperado quente e tropical de altitude
- **Luminosidade:** Sol pleno ou meia-sombra
- **Propagação:** Por divisão de bulbos

Árvore-batata-azul-variegada
Solanum rantonnetii 'Variegata'

Embora tenha a palavra árvore no nome, a espécie é um arbusto originário da Argentina e do Paraguai de até 2 m de altura. Destaca-se tanto pela folhagem como pela florada composta por flores azul-arroxeadas com miolo amarelo, que surgem intensamente no verão e no outono. Já as folhas são verde-acinzentadas com bordas esbranquiçadas. No paisagismo, pode formar renques ao longo de muros e cercas, ou ser cultivada isoladamente, sempre sob sol pleno.

FICHA TÉCNICA

- **Origem:** Argentina e Paraguai
- **Família:** Solanáceas (*Solanaceae*)
- **Característica:** Arbusto semilenhoso, com ramagem esparsa e reclinada. Muito ramificado, pode atingir até 2 m de altura
- **Clima:** Subtropical, tolerante a clima tropical
- **Luminosidade:** Sol pleno
- **Propagação:** Por estaquia

Árvore-da-china
Koelreuteria bipinnata

As grandes inflorescências espigadas, com inúmeras pequenas flores amarelas, enchem esta árvore de cor no outono. Depois, vão dando lugar a um tipo de fruto avermelhado muito atrativo, que muitas pessoas confundem como sendo flores. O cultivo da espécie é indicado para parques e arborização de ruas. A árvore de folhas caducas é originária da China e típica de clima temperado quente, mas suporta muito bem regiões subtropicais amenas e tropicais de altitude. Atinge até 12 m de altura e se reproduz por sementes.

FICHA TÉCNICA

- **Origem:** China
- **Família:** Sapindáceas (*Sapindaceae*)
- **Característica:** Árvore caduca de até 12 m de altura
- **Clima:** Temperado quente, tolerante a clima subtropical e tropical de altitude
- **Luminosidade:** Sol pleno
- **Propagação:** Por sementes

Bacopa
Sutera cordata

Quando floresce durante o verão e o outono, parece que os ramos da bacopa ficam cobertos por flocos de neve. É que esta herbácea ornamental fica repleta de flores singelas com cinco pétalas brancas e de tamanho bem reduzido. Originária da África do Sul, a espécie se desenvolve em regiões de clima frio ou ameno, como nos estados do Sul e do Sudeste do Brasil e pode ser usada como forração em vasos e jardineiras pendentes, ou cultivada ao redor de árvores, já que a copa a protege da incidência direta de sol.

FICHA TÉCNICA

- **Origem:** África do Sul
- **Família:** Escrofulariáceas (*Scrophulariaceae*)
- **Característica:** Herbácea perene, prostrada, com ramos de até 40 cm de comprimento
- **Clima:** Subtropical frio, não tolerante ao calor
- **Luminosidade:** Meia-sombra
- **Propagação:** Por sementes e estaquia

Bidens
Bidens ferulifolia

As flores estreladas e vistosas, em tom amarelo, surgem intensamente desde o fim do verão, passando por todo o outono. Herbácea com folhagem densa e ornamental, o bidens pode ser cultivado em vasos ou compondo maciços e bordaduras, sempre a sol pleno. O solo deve ser rico em matéria orgânica e mantido constantemente úmido.

FICHA TÉCNICA

- **Origem:** Sul dos Estados Unidos até o México
- **Família:** Compostas (*Compositae*)
- **Característica:** Herbácea de ciclo anual ou bienal de até 50 cm de altura
- **Clima:** Subtropical, tolerante a clima tropical de altitude
- **Luminosidade:** Sol pleno
- **Propagação:** Por sementes

FICHA TÉCNICA

- **Origem:** África do Sul
- **Família:** Labiadas (*Labiatae*)
- **Característica:** Herbácea perene de aspecto suculento, prostrada, de até 60 cm de altura
- **Clima:** Subtropical, não tolerante ao calor
- **Luminosidade:** Meia-sombra
- **Propagação:** Por sementes ou estaquia

Boldo-rasteiro
Plectranthus neochilus

O boldo-rasteiro chegou ao Brasil na época da colonização e atualmente é uma das espécies de boldo mais cultivadas no País. A planta de até 60 cm de altura vai muito bem no paisagismo graças às belas e perfumadas inflorescências, formadas por pequenas flores azuis dispostas uma acima da outra, na parte alta dos ramos. A espécie pode ser cultivada em canteiro de ervas como bordadura ou compondo maciços.

Bulbofilo
Bulbophyllum 'Louis Sander'

Extremamente exótica, a orquídea é resultado do cruzamento de duas outras espécies do gênero *Bulbophyllum*, originárias de regiões de altitude da Indonésia, Filipinas e Malásia. As flores estreitas e vermelhas são curiosas: surgem em forma de leque e na ponta de uma haste inclinada, do outono até o início do inverno. Típico de clima tropical quente e úmido, o bulbofilo deve ser cultivado em fibra de coco (ou pedaços de madeira) e folhas em decomposição. Precisa de adubação quinzenal com NPK 20-20-20 e adubo orgânico a cada dois meses.

FICHA TÉCNICA

- **Origem:** Indonésia, Filipinas e Malásia
- **Família:** Orquidáceas (*Orchidaceae*)
- **Característica:** Orquídea herbácea, perene e epífita
- **Clima:** Tropical quente e úmido
- **Luminosidade:** Meia-sombra

Cabeleira-de-velho
Euphorbia leucocephala

Durante o outono e o inverno, o arbusto fica totalmente branco devido à grande quantidade de brácteas (folhas modificadas) e pequenas flores. Razão de seu nome popular ser cabeleira-de-velho. Para o cultivo da espécie, escolha um local sob sol pleno e solo arenoargiloso acrescido de matéria orgânica. Nativa do sul do México até a Costa Rica, a espécie prefere clima tropical de altitude, como quase todas as regiões do Brasil, com exceção das áreas serranas do Sul.

FICHA TÉCNICA

- **Origem:** Sul do México até a Costa Rica
- **Família:** Euforbiáceas (*Euphorbiaceae*)
- **Característica:** Arbusto semilenhoso, ereto e muito ramificado de até 3 m de altura
- **Clima:** Tropical de altitude
- **Luminosidade:** Sol pleno
- **Propagação:** Por sementes ou estaquia

Catleia
Cattleya labiata

Além da beleza de suas flores, esta orquídea agrada pelo perfume adocicado e intenso que exala, semelhante ao famoso Channel nº 5. As flores que despontam no outono são lilás-róseas, com uma mancha no labelo na parte mais externa em um tom mais escuro e vibrante e amarelado no seu interior. Para ficar ainda mais bela, a planta gosta de variação de temperatura entre o dia e a noite.

FICHA TÉCNICA

- **Origem:** Regiões serranas do Nordeste brasileiro
- **Família:** Orquidáceas (*Orchidaceae*)
- **Característica:** Orquídea herbácea, perene e epífita
- **Clima:** Tropical, tolerante a subtropical
- **Luminosidade:** Meia-sombra
- **Propagação:** Por divisão da planta

Catleia
Cattleya walkeriana var. *coerulea*

Enquanto está florida, durante o verão e o outono, a catleia precisa de menos água. O cultivo é feito em cascas de pínus ou fibra de coco, bastando regar a cada dois dias. Suspenda a adubação durante o período de florada até o início da primavera.

FICHA TÉCNICA

- **Origem:** Brasil
- **Família:** Orquidáceas (*Orchidaceae*)
- **Característica:** Orquídea herbácea, perene, rupícula ou epífita
- **Clima:** Tropical, tolerante a subtropical
- **Luminosidade:** Sol pleno
- **Propagação:** Por divisão da planta

Cipó-de-ouro
Peixotoa reticulata

Trepadeira de cultivo muito fácil, originária dos cerrados brasileiros, adapta-se bem em solos secos e pouco férteis, só não suporta geadas fortes. Pode ser cultivada em quase todo o Brasil, com exceção das regiões de altitude do Sul e Sudeste, sempre junto de paredes, muros, cercas ou grades com o apoio de tutores. No outono e no inverno, as pequenas flores amarelas surgem e enchem o jardim de graça.

FICHA TÉCNICA
- **Origem:** Brasil
- **Família:** Malpighiáceas (*Malpighiaceae*)
- **Característica:** Trepadeira semilenhosa do tipo cipó, muito vigorosa
- **Clima:** Tropical quente e seco, tolerante a climas mais amenos, como o subtropical, desde que não seja serrano
- **Luminosidade:** Sol pleno
- **Propagação:** Por sementes

FICHA TÉCNICA

- **Origem:** Brasil
- **Família:** Bignoniáceas (*Bignoniaceae*)
- **Característica:** Trepadeira rústica do tipo cipó, semilenhosa e muito ramificada
- **Clima:** Tropical quente
- **Luminosidade:** Sol pleno
- **Propagação:** Por sementes ou estaquia

Cipó-de-sino
Mansoa difficilis

Nos meses de verão e outono, o cipó-de-sino exibe uma florada intensa, comparada à dos famosos ipês, árvores da mesma família das bignoniáceas. As flores da trepadeira – que são grandes, na forma de sino e róseo-lilases – nascem na ponta dos ramos. A melhor forma de reproduzir a planta é por estaquia dos ramos no inverno. A multiplicação é um pouco difícil. Depois que se forma a muda, exige poucos cuidados, até mesmo quanto à fertilidade do solo ou às regas.

FICHA TÉCNICA

- **Origem:** África tropical
- **Família:** Verbenáceas (*Verbenaceae*)
- **Característica:** Trepadeira semilenhosa e volúvel
- **Clima:** Tropical, tolerante a subtropical em faixas litorâneas
- **Luminosidade:** Sol pleno, aceita leve sombreamento
- **Propagação:** Por estaquia ou alporquia

Clerodendro
Clerodendrum splendes

Quando a maioria das plantas entra em dormência e perde as folhas, é que o clerodendro exibe seu esplendor. A espécie apresenta inflorescências vermelhas, muito numerosas e sem perfume, que surgem durante o outono e o inverno. Eventualmente, surgem flores também em outras estações. O clerodendro pode ser dispostos em amarrilhos revestindo muros, alambrados e beiras de varandas.

Crisântemo-do-pacífico
Chrysanthemum pacificum

Muito ornamental, o crisântemo-do-pacífico é uma herbácea de folhagem carnosa que cresce em forma de roseta. As folhas se formam na extremidade dos ramos e são verde-acinzentadas, com bordas esbranquiçadas e denteadas. No outono, surgem inúmeras inflorescências globosas, pequenas e amarelas, que despontam acima da folhagem. Pode ser usada em vasos e jardineiras como bordadura ou agrupadas no jardim.

FICHA TÉCNICA

- **Origem:** Japão
- **Família:** Compostas (*Compositae*)
- **Característica:** Herbácea perene, ligeiramente prostrada e de até 45 cm de altura
- **Clima:** Temperado, tolerante a temperado quente e subtropical serrano
- **Luminosidade:** Sol pleno
- **Propagação:** Por sementes ou estaquia

Dendróbio
Dendrobium bigibbum

No outono, belas flores lilases brotam sucessivamente ao longo de uma haste floral de até 60 cm de comprimento. O resultado pode ser apreciado principalmente em arranjos florais, já que esta espécie de orquídea é amplamente produzida para essa finalidade. Nativo do Norte da Austrália e da Papua Nova Guiné, o dendróbio é característico de clima subtropical e deve ser cultivado sob sol pleno em substratos porosos, como placas de fibra de coco, cestas de madeira e pedaços de carvão vegetal.

FICHA TÉCNICA

- **Origem:** Norte da Austrália e Papua Nova Guiné
- **Família:** Orquidáceas (*Orchidaceae*)
- **Característica:** Orquídea herbácea perene, rupícula ou epífita
- **Clima:** Tropical quente
- **Luminosidade:** Sol pleno
- **Propagação:** Por divisão da planta

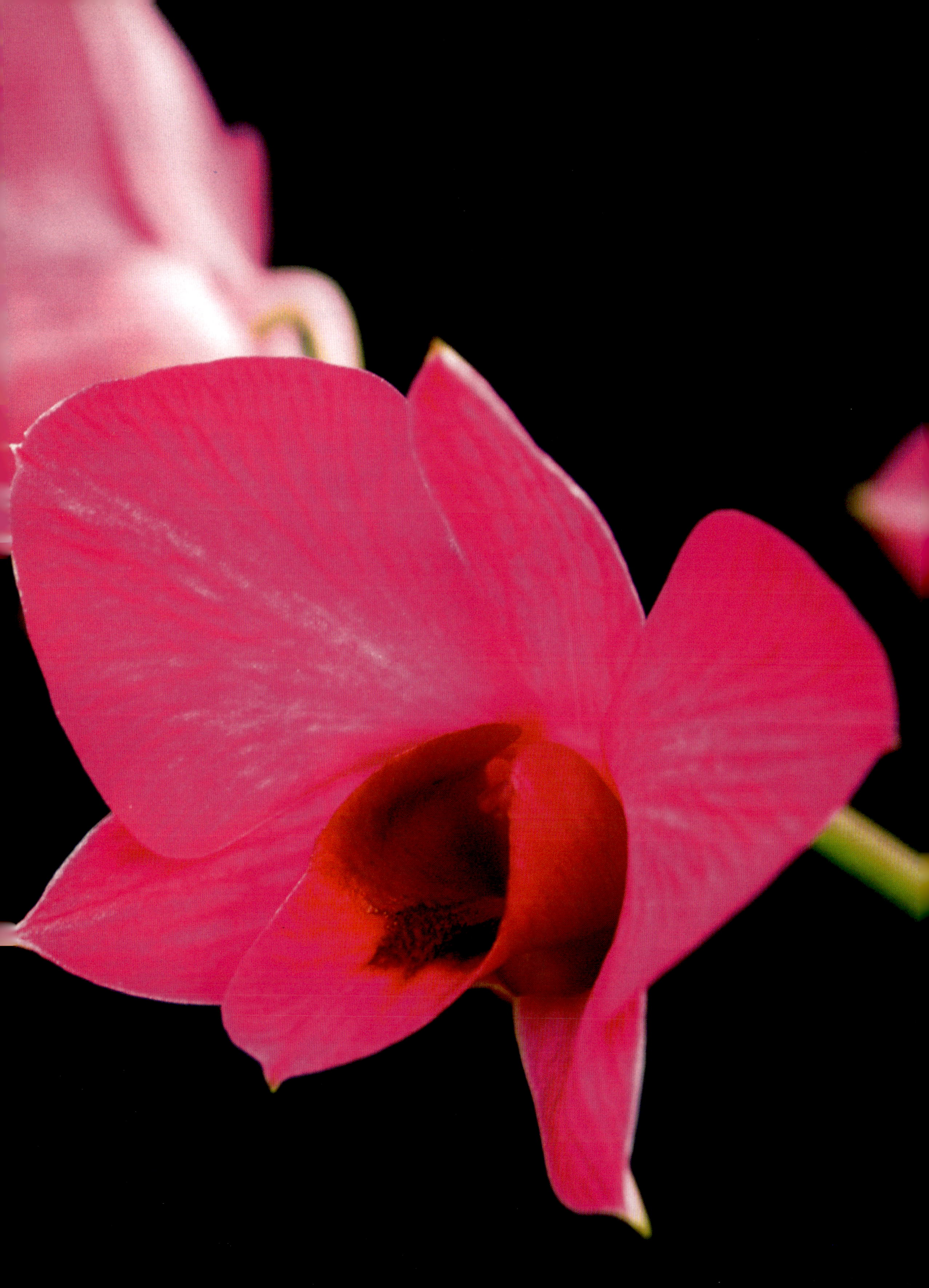

Dúngsia
Dungsia harpophylla

A orquídea epífita – que vive pendurada em árvores – é nativa de Minas Gerais e muito delicada. Possui flores alaranjadas que medem cerca de 8 cm de diâmetro e tem formato de estrelas com as bordas do labelo encrespadas e enroladas para trás. Característica de clima tropical de altitude de até 1.000 m, deve ser cultivada à meia-sombra, em placas de fibra de coco ou cascas de pínus tratadas. A manutenção é feita com adubações quinzenais com NPK 20-20-20 e mensais com adubo orgânico.

FICHA TÉCNICA

- **Origem:** Brasil
- **Família:** Orquidáceas (*Orchidaceae*)
- **Característica:** Orquídea herbácea, perene e epífita
- **Clima:** Tropical de altitude de até 1.000 metros
- **Luminosidade:** Meia-sombra
- **Propagação:** Por divisão de pseudobulbos

Estapélia
Stapelia hirsuta

As flores da estapélia parecem estrelas-do-mar. Com 20 cm de diâmetro, elas são amarelas, com estrias avermelhadas e encobertas por uma penugem esbranquiçada, longa e espessa. Surgem na base da touceira e chamam a atenção de longe. O curioso é que a espécie é polinizada por moscas-varejeiras. Por isso, para atrair os insetos, exala um leve odor de carne podre. Nativa da África do Sul, a planta é típica de clima subtropical árido e pode ser cultivada em vasos ou jardins de pedra, sob sol pleno ou à meia-sombra.

FICHA TÉCNICA

- **Origem:** África do Sul
- **Família:** Asclepiadáceas (*Asclepiadaceae*)
- **Característica:** Suculenta, de folhas carnosas, com até 20 cm de comprimento e compostas por quatro faces
- **Clima:** Subtropical árido
- **Luminosidade:** Sol pleno ou meia-sombra
- **Propagação:** Por sementes, estaquia de folhas ou divisão de touceiras

Foto: Silvestre Silva

Flor-de-abril
Dillenia indica

As flores brancas, grandes e aromáticas despontam em meados do verão e no outono. Originária da Ásia Tropical, pode atingir até 12 m de altura e tem uma copa densa e arredondada. A árvore ainda se destaca pelo efeito ornamental de suas folhas, flores e frutos, sendo utilizada em projetos paisagísticos de parques e jardins. Porém, seu cultivo na arborização de ruas não é recomendável em virtude da queda dos frutos e por causar danos à fiação elétrica.

FICHA TÉCNICA

- **Origem:** Ásia Tropical
- **Família:** Dileniáceas (*Dilleniaceae*)
- **Característica:** Árvore caducifólia de até 12 m de altura
- **Clima:** Tropical
- **Luminosidade:** Sol pleno
- **Propagação:** Por sementes

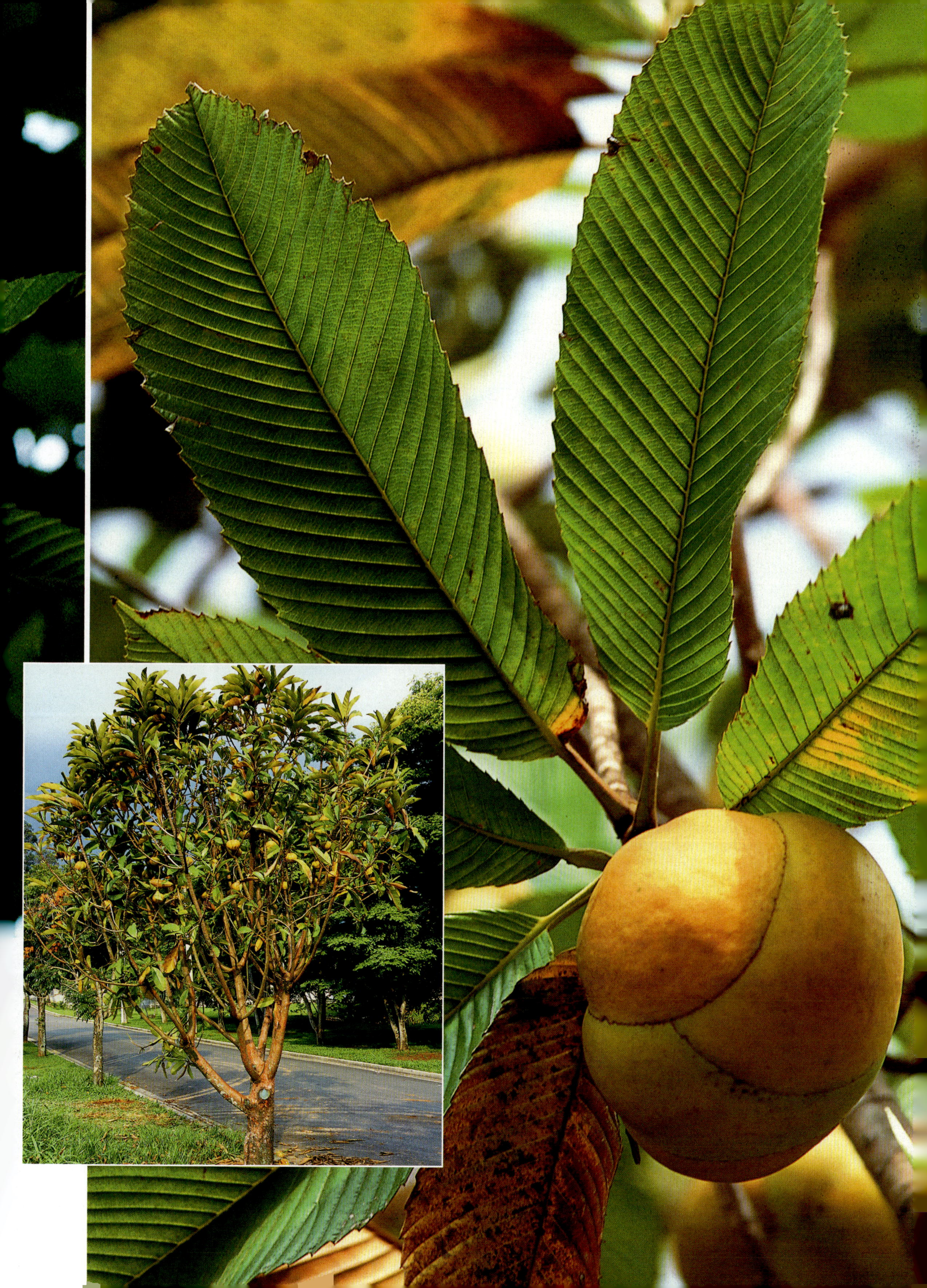

Flor-de-maio
Schlumbergera truncata

Embora dure apenas um mês, a florada deste cacto é tão espetacular e pontual que foi exaltada em seu nome: flor-de-maio. Rosas, vermelhas, brancas ou amarelas, as flores medem cerca de 10 cm e brotam em grande quantidade nas pontas dos ramos também atrativos. Eles são formados por folhas achatadas e serrilhadas que parecem se encaixar umas acima das outras.

FICHA TÉCNICA

- **Origem:** Brasil, Mata Atlântica da região Sudeste
- **Família:** Cactáceas (*Cactaceae*)
- **Característica:** Cacto perene e epífito, com ramagem pendente e suculenta, de até 60 cm de comprimento
- **Clima:** Tropical úmido
- **Luminosidade:** Meia-sombra ou sombra
- **Propagação:** Por sementes ou estaquia dos segmentos de folhas

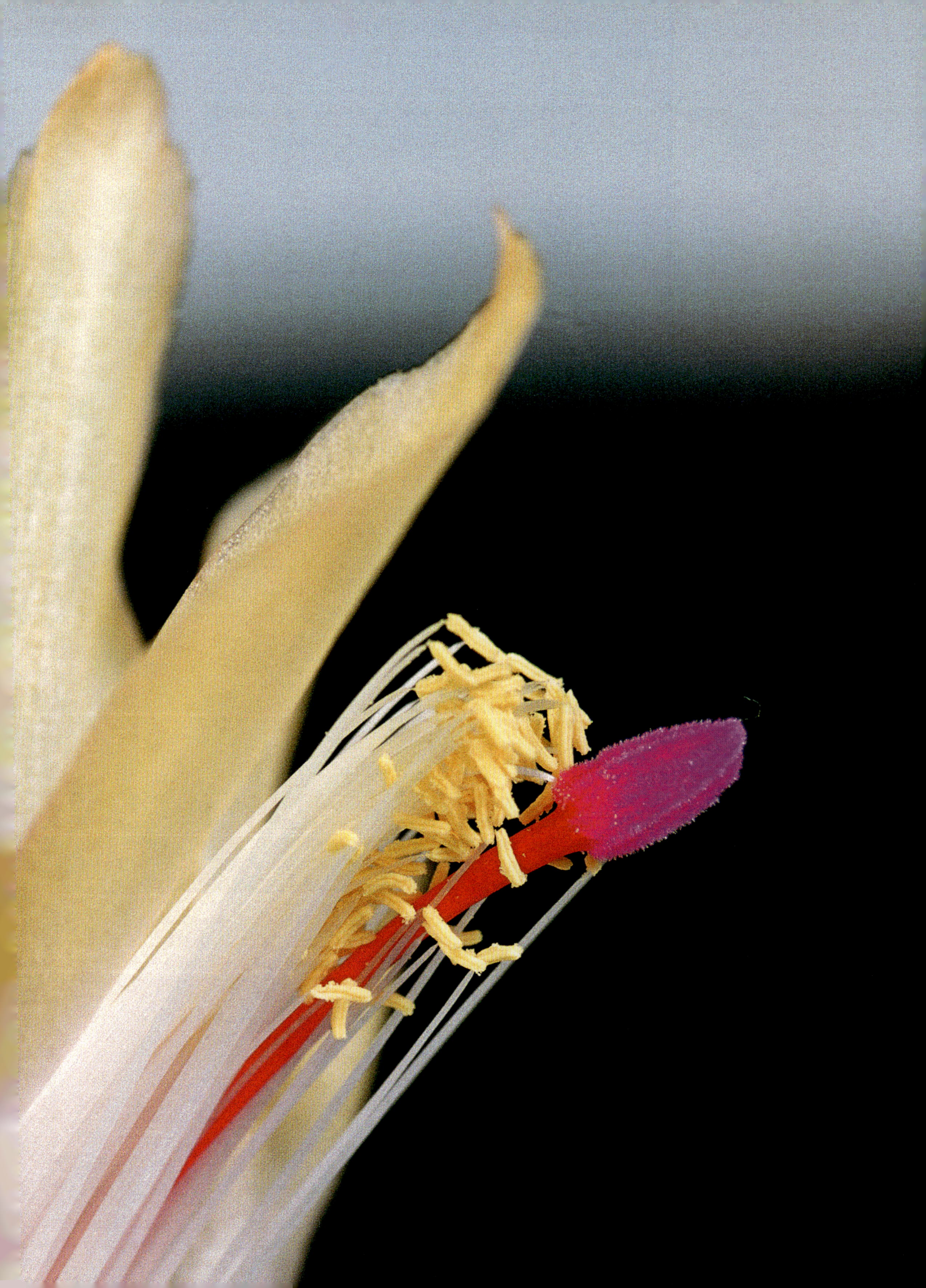

Hipérico
Hypericum kouytchense

Ainda pouco utilizado em paisagismo no Brasil, o arbusto do gênero *Hypericum* é originário da China. Com porte de 1 m de altura, tem ramos avermelhados e folhas verdes que caem parcialmente no inverno. O hipérico gosta de clima frio, sendo indicado apenas para regiões serranas do Sul e do Sudeste do Brasil. Com flores em tom amarelo-ouro de até 6 cm de diâmetro, a florada surge com intensidade no Hemisfério Sul durante o outono. Já no Hemisfério Norte, o surgimento das flores tem início no final do verão e dura até o fim do outono.

FICHA TÉCNICA

- **Origem:** China Ocidental
- **Família:** Hipericáceas (*Hypericaceae*)
- **Característica:** Arbusto escandente semilenhoso, com ramos de até 1,80 m de comprimento
- **Clima:** Temperado, tolerante a clima subtropical de altitude
- **Luminosidade:** Sol pleno
- **Propagação:** Por estaquia

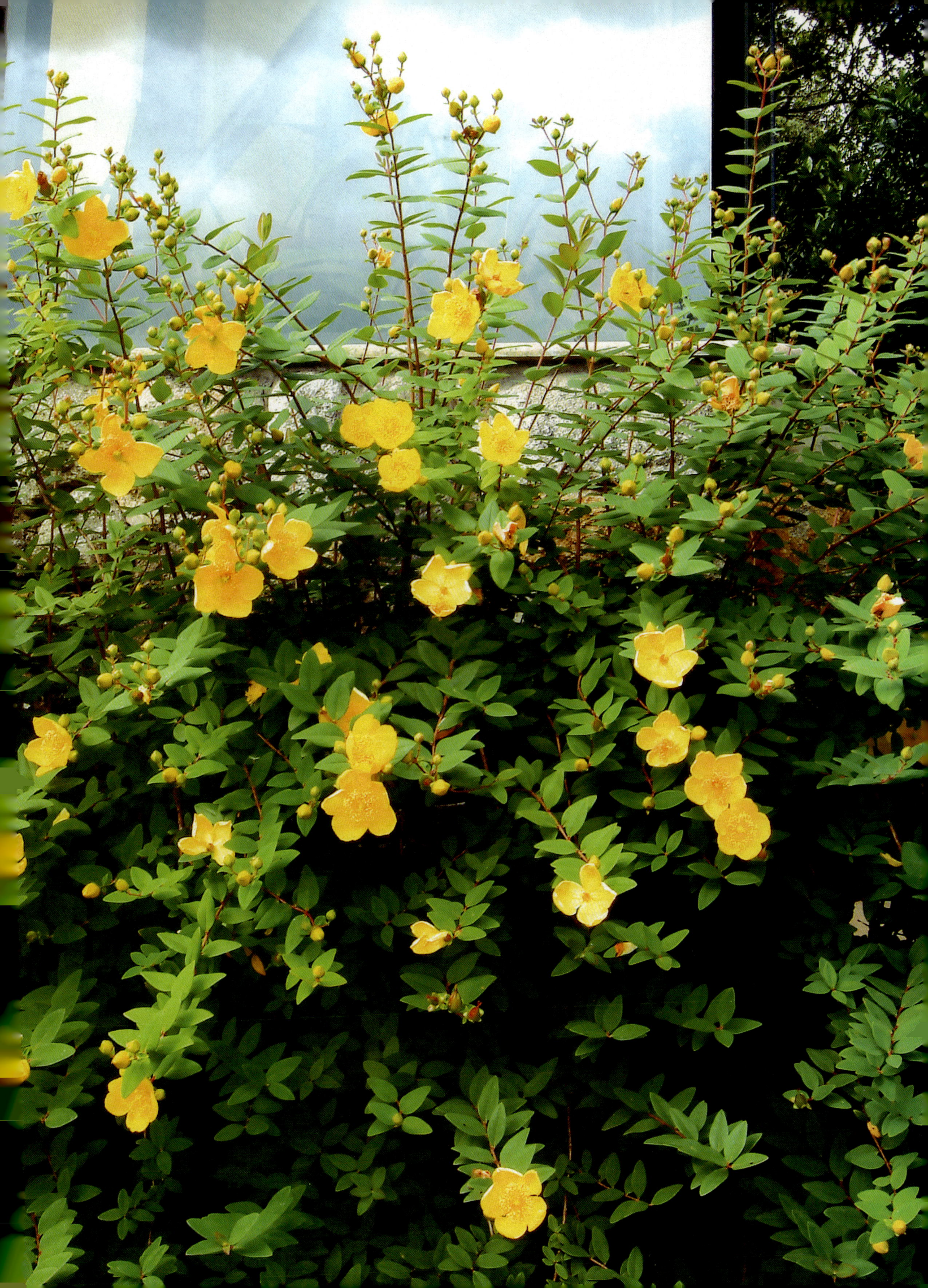

Ipê-de-jardim
Tecoma stans

Nativo do México ao Peru, o ipê-de-jardim é uma arvoreta de até 6 m de altura com flores muito parecidas com as do ipê-amarelo, uma das mais famosas árvores brasileiras. Aliás, vem daí seu nome popular. Nas cidades, a espécie é bastante cultivada em calçadas sob a rede elétrica. Já no campo, costuma ser plantada isoladamente ou em renques. O ipê-de-jardim se desenvolve em clima tropical, sob sol pleno e em solo arenoso. Porém, é preciso ter cuidado no seu cultivo, pois a planta é considerada invasora.

FICHA TÉCNICA
- **Origem:** México ao Peru
- **Família:** Bignoniáceas (*Bignoniaceae*)
- **Característica:** Arvoreta perene de até 6 m de altura
- **Clima:** Tropical e subtropical
- **Luminosidade:** Sol pleno
- **Propagação:** Por sementes ou por mudas que nascem próximas à planta-mãe

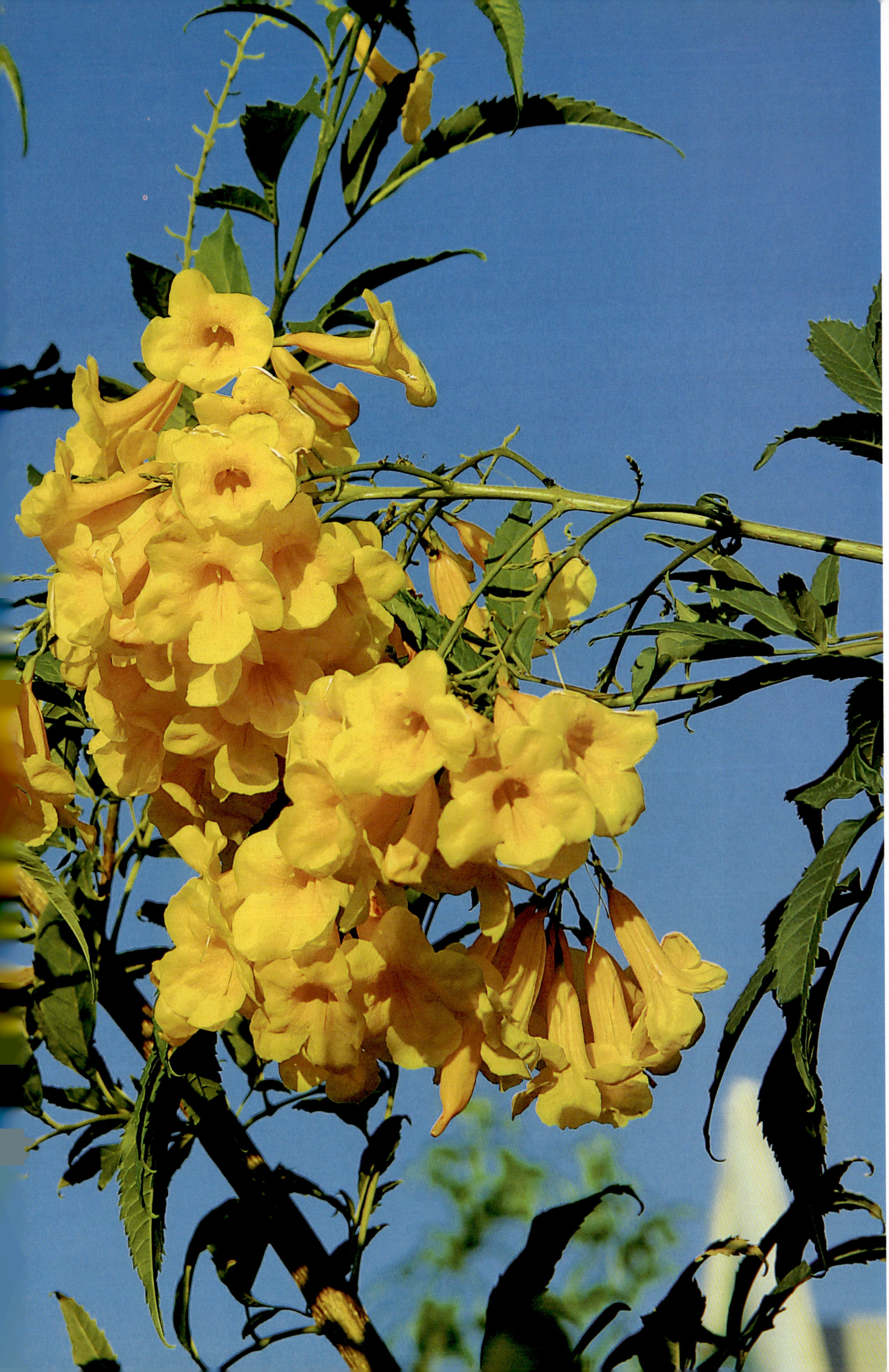

Jasmim-carolina
Gelsemium sempervirens

Mesmo sem oferecer uma florada tão espetacular, o cultivo desta trepadeira em treliças e arquinhos é recomendado por dois motivos. Primeiro, as flores amarelas em forma de trombeta destacam-se entre sua folhagem densa e verde-brilhante. Outra razão é o delicioso perfume exalado quando surgem brotos durante o verão e o outono. Nativo dos Estados Unidos e da América Central, o jasmim-carolina aprecia temperatura amena e solo rico em matéria orgânica, mantido sempre úmido e sob sol pleno.

FICHA TÉCNICA

- **Origem:** Sudeste dos Estados Unidos até o México
- **Família:** Loganiáceas (*Loganiaceae*)
- **Característica:** Trepadeira semi-herbácea e volúvel
- **Clima:** Temperado quente, tolerante a climas mais quentes, como o subtropical
- **Luminosidade:** Sol pleno
- **Propagação:** Por estaquia

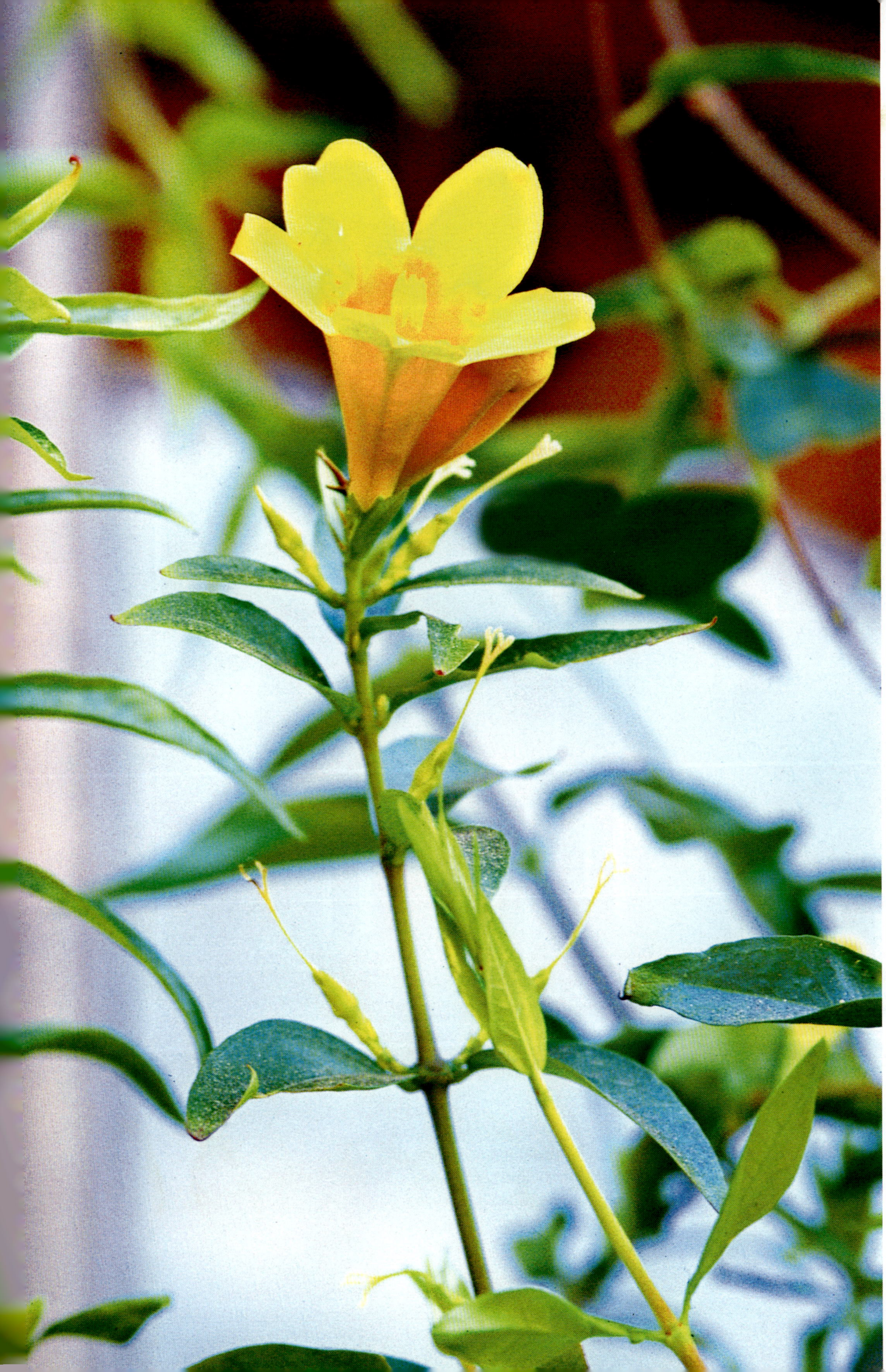

Jasmim-dos-poetas
Jasminum polyanthum

Trepadeira volúvel, de ramos longos, que durante o fim do outono e o inverno exibe uma densa florada. Muito perfumadas, as flores são brancas e o cálice é rosado, assim como o botão floral. As mudas por estaquia devem ser feitas após o fim da florada para garantir novos exemplares dessa bela trepadeira.

FICHA TÉCNICA

- **Origem:** China
- **Família:** Oleáceas (*Oleaceae*)
- **Característica:** Trepadeira semi-herbácea, volúvel, com ramos longos de até 4 m de comprimento
- **Clima:** Subtropical de altitude
- **Luminosidade:** Sol pleno
- **Propagação:** Por estaquia

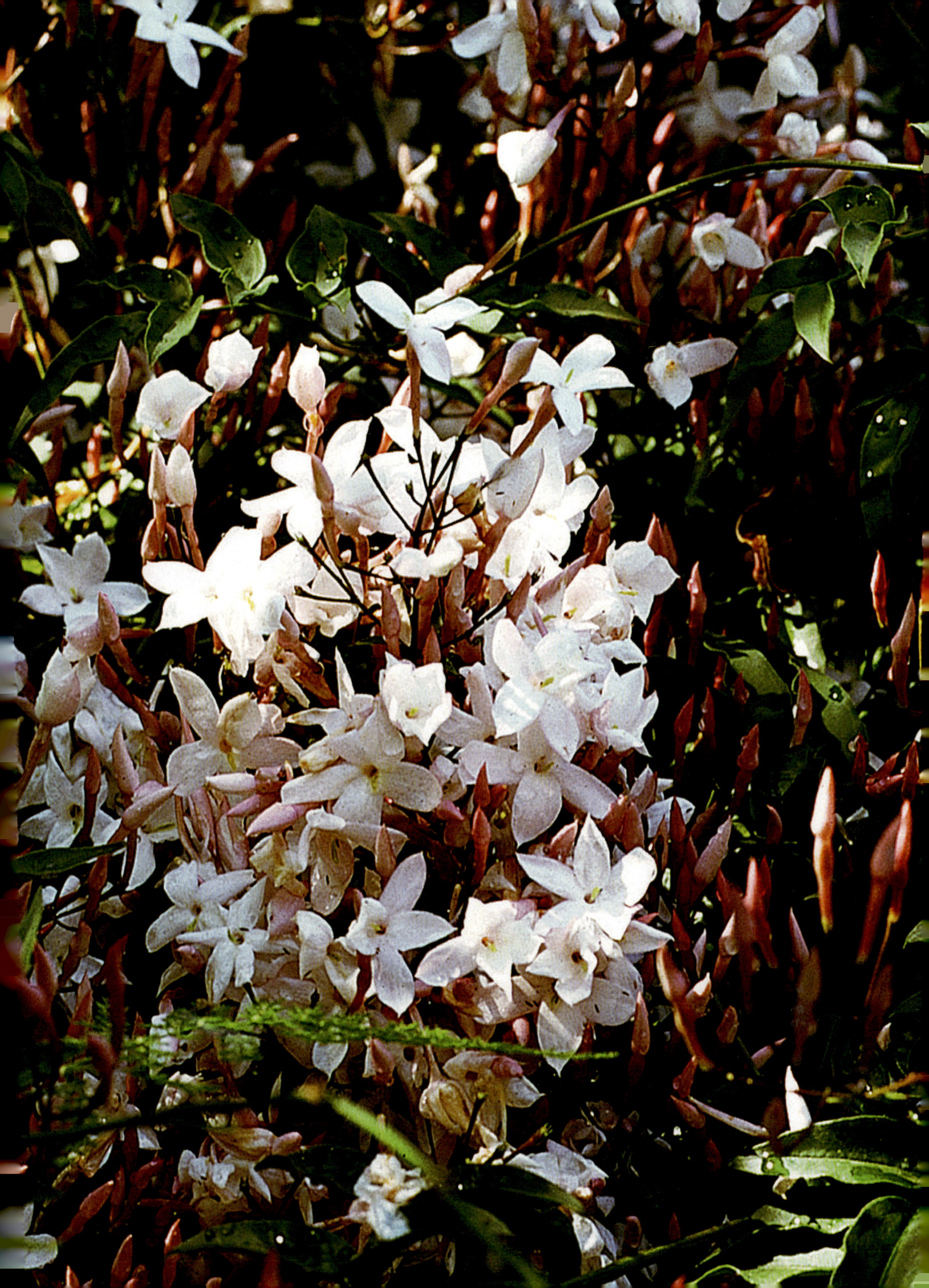

Jasmim-neve
Jasminum multiflorum

No período em que está florido, durante o verão e todo o outono, o arbusto faz jus ao nome popular que recebeu. São tantas flores brancas que a impressão é de que ele realmente está coberto de neve. As flores são perfumadas, mas sua fragrância não é enjoativa, o que permite o uso da planta em cercas vivas ou em grandes maciços próximos a áreas de estar do jardim.

FICHA TÉCNICA

- **Origem:** Índia, China e Malásia
- **Família:** Oleáceas (*Oleaceae*)
- **Característica:** Arbusto escandente semilenhoso com ramos de até 3 m de comprimento
- **Clima:** Tropical
- **Luminosidade:** Sol pleno
- **Propagação:** Por estaquia ou mudas que nascem junto à planta-mãe

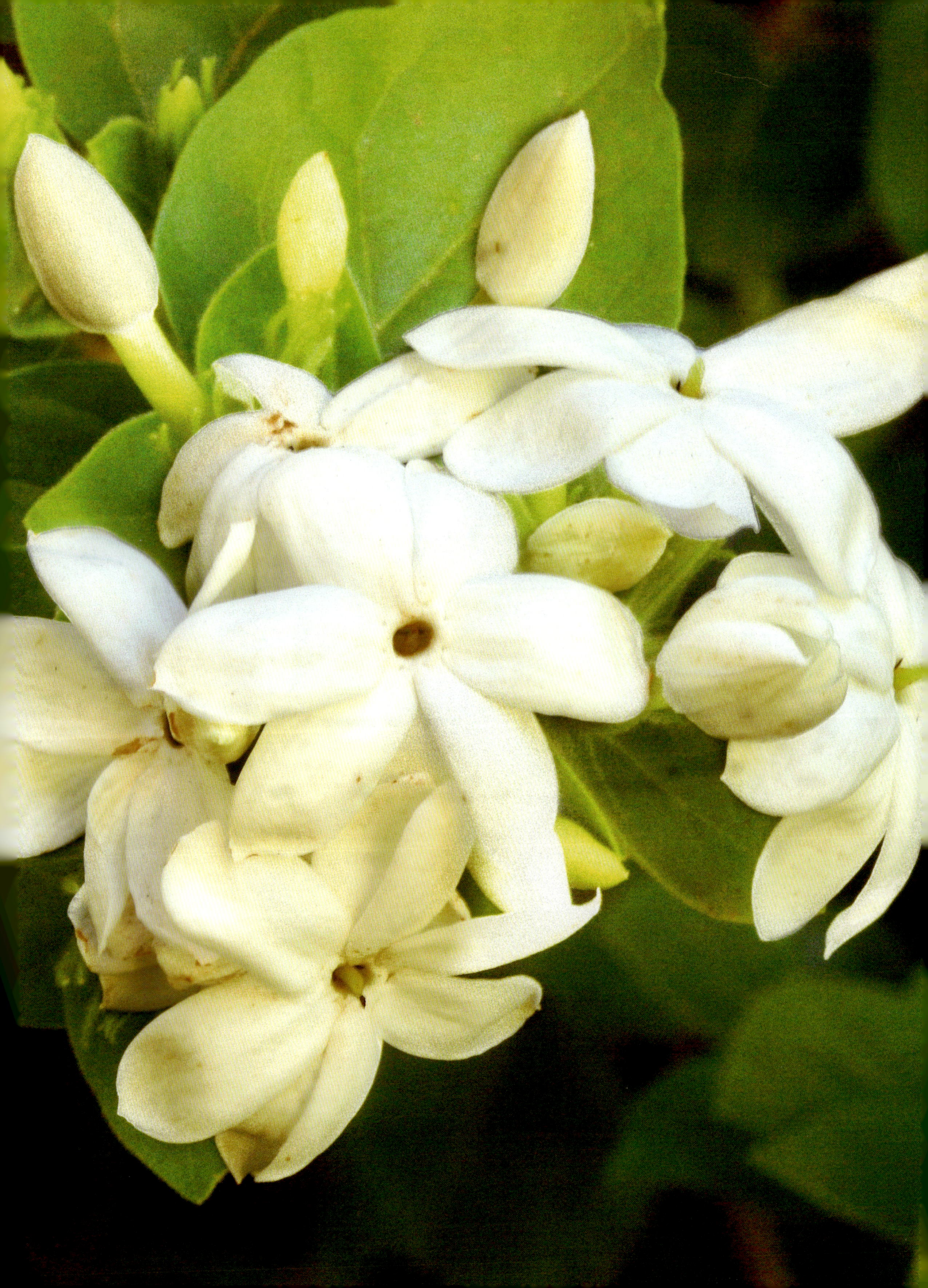

Laélia
Laelia anceps var. veitchiana

A laélia tem a peculiaridade de ter a época de floração diferente em cada hemisfério. A longa haste que sustenta até seis flores de 10 cm de diâmetro surge no final do outono no Hemisfério Sul e no início do verão no Hemisfério Norte. As flores são estreladas, róseo-esbranquiçadas com o labelo cor de vinho claro. Originária do México, pode ser cultivada à meia-sombra ou sob sol pleno, desde que em local bem ventilado.

FICHA TÉCNICA

- **Origem:** México
- **Família:** Orquidáceas (*Orchidaceae*)
- **Característica:** Herbácea perene, epífita ou rupícola de até 1,20 de altura (quando surge a haste com inflorescência)
- **Clima:** Tropical de altitude de até 1.500 m, tolerante a clima subtropical
- **Luminosidade:** Meia-sombra
- **Propagação:** Por divisão da planta

FICHA TÉCNICA

- **Origem:** África do Sul
- **Família:** Amarilidáceas (*Amaryllidaceae*)
- **Característica:** Herbácea perene e bulbosa de até 60 cm de altura
- **Clima:** Subtropical, tolerante a tropical de altitude
- **Luminosidade:** Sol pleno ou meia-sombra
- **Propagação:** Por divisão dos bulbilhos que nascem grudados ao bulbo

Lírio-beladona
Amaryllis belladonna

Grandes flores rosadas em formato de sino são o grande atrativo desta espécie ao final do verão e durante o outono. Muito perfumadas, elas despontam em hastes de até 60 cm de altura. Nos jardins, é cultivada formando maciços, como bordadura e em vasos, sob sol pleno ou meia-sombra. No fim do inverno, o lírio-beladona entra em período de dormência e começa a perder suas longas folhas de até 75 cm de comprimento. Nesse período, os bulbos devem ser desenterrados, limpos e guardados em local protegido para serem plantados novamente no início do verão, quando começam a surgir as primeiras brotações.

Fotos: Aydano Roriz

Maxilária
Maxillaria tenuifolia var. *nigra*

Orquídea entouceirada, a maxilária produz grande quantidade de flores cor de vinho com o labelo amarelado e salpicado com pequenas manchas cor de vinho. Quando florescem durante outono, elas tornam o ambiente perfumado com intenso aroma de coco.

FICHA TÉCNICA

- **Origem:** Sul do México e América Central
- **Família:** Orquidáceas (*Orchidaceae*)
- **Característica:** Herbácea perene e epífita
- **Clima:** Tropical de altitude de até 1.000 m
- **Luminosidade:** Sol pleno, em local bem ventilado
- **Propagação:** Por divisão da planta

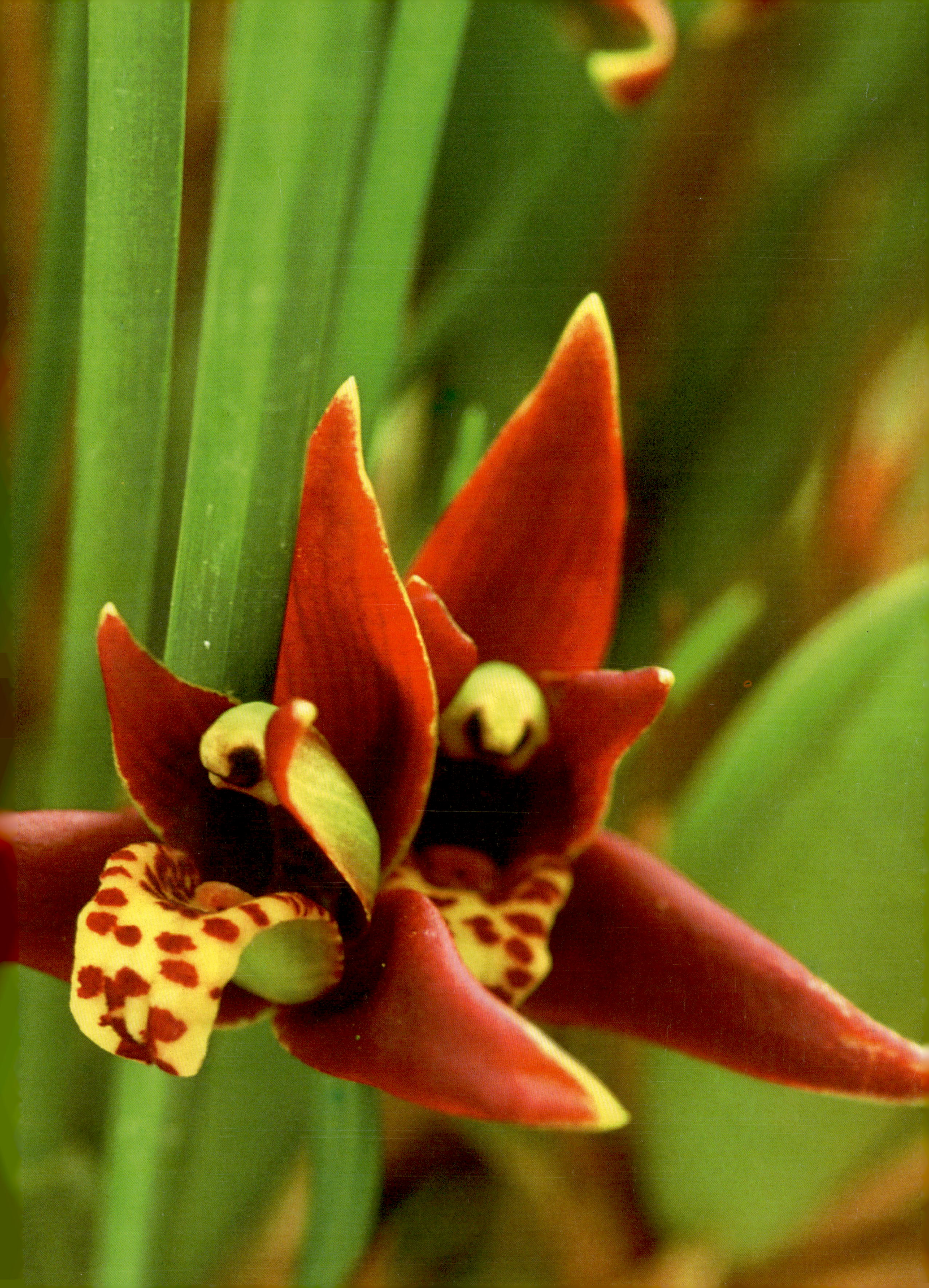

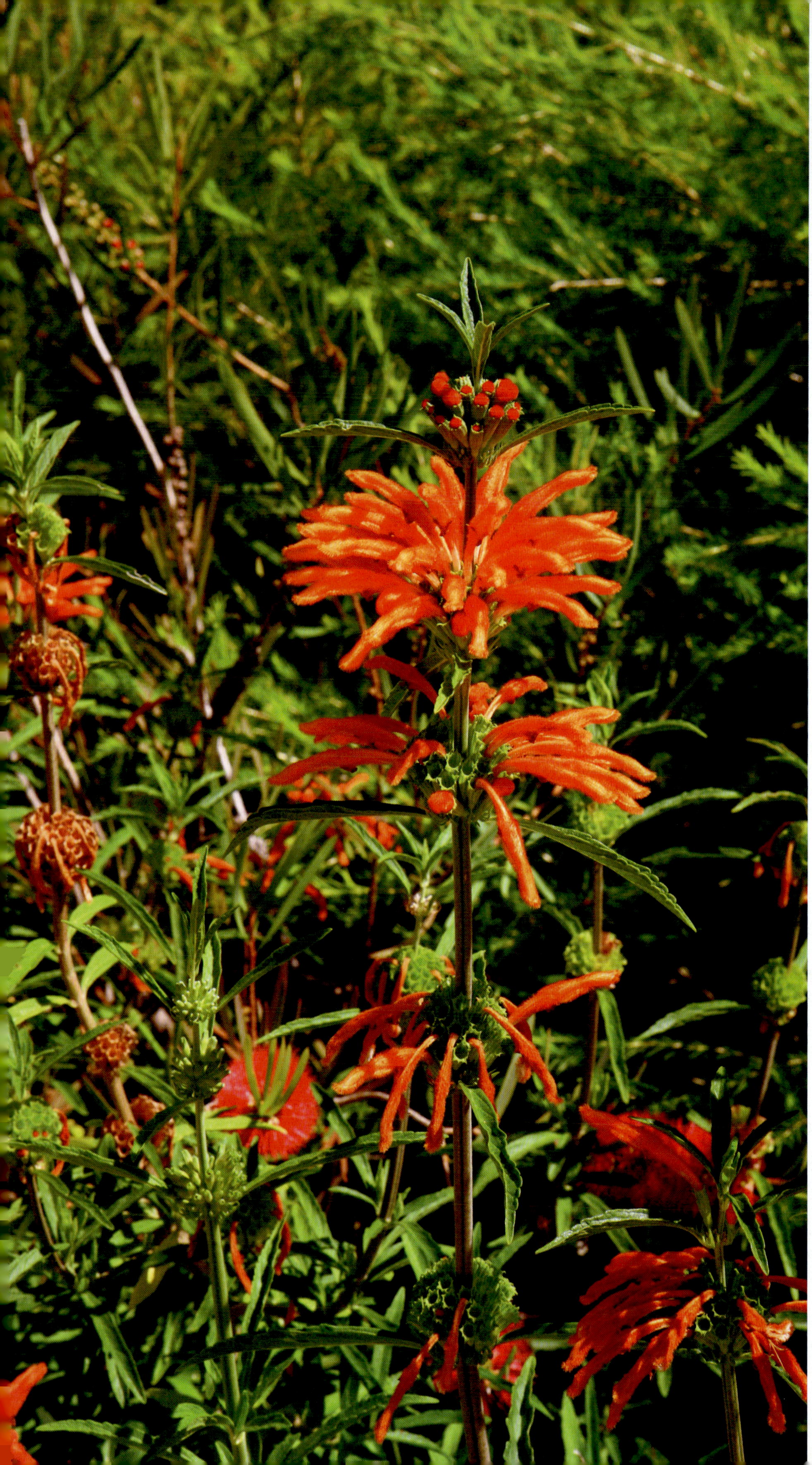
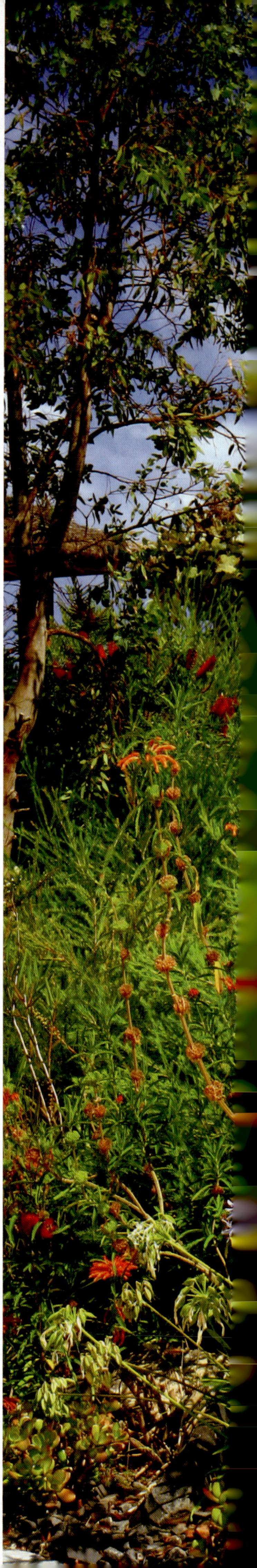

Orelha-de-leão
Leonotis leonurus

Apesar de ser um arbusto muito ornamental, a orelha-de-leão ainda é pouco usada no paisagismo dos jardins brasileiros. Originário da África do Sul, é encontrado em sua região de origem crescendo entre rochas e pastagens. Grupos nativos o utilizavam como planta medicinal e alucinógeno. As flores são alaranjadas e reúnem-se em uma espiral ao longo do caule. As hastes são aveludadas e as folhas longas, estreitas e ásperas na face superior e aveludadas na inferior, com bordas serrilhadas.

FICHA TÉCNICA
- **Origem:** África do Sul
- **Família:** Labiadas (*Labiatae*)
- **Característica:** Arbusto semilenhoso e perene de até 2 m de altura
- **Clima:** Subtropical
- **Luminosidade:** Sol pleno
- **Propagação:** Por semente ou estaquia

Pata-de-elefante
Beaucarnea recurvata

Pelo formato escultural e exótico, o arbusto de até 8 m de altura é comum em projetos paisagísticos, principalmente em regiões tropicais. A base é dilatada e as folhas estreitas e compridas crescem pendentes nas pontas de ramos grossos e longos. No outono, grandes inflorescências espigadas e esbranquiçadas se destacam na parte superior da planta. Devido ao crescimento lento, pode ser cultivada por um longo período em vasos sob sol pleno. Na fase adulta, necessita de espaços amplos.

FICHA TÉCNICA

- **Origem:** México
- **Família:** Agaveáceas (*Agavaceae*)
- **Característica:** Arbusto lenhoso, ereto e volumoso de até 8 m de altura
- **Clima:** Tropical árido, tolerante ao clima subtropical
- **Luminosidade:** Sol pleno
- **Propagação:** Por sementes

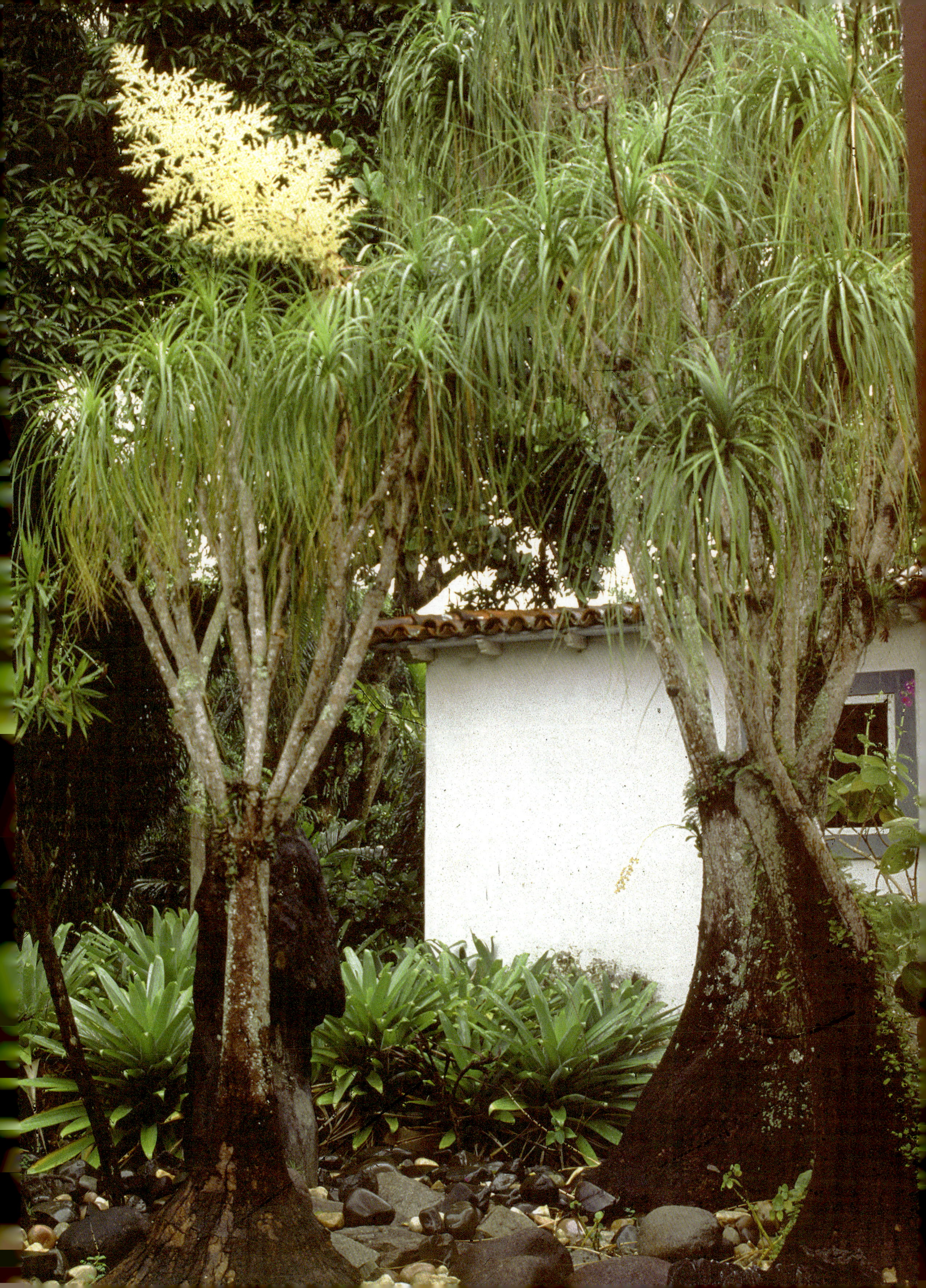

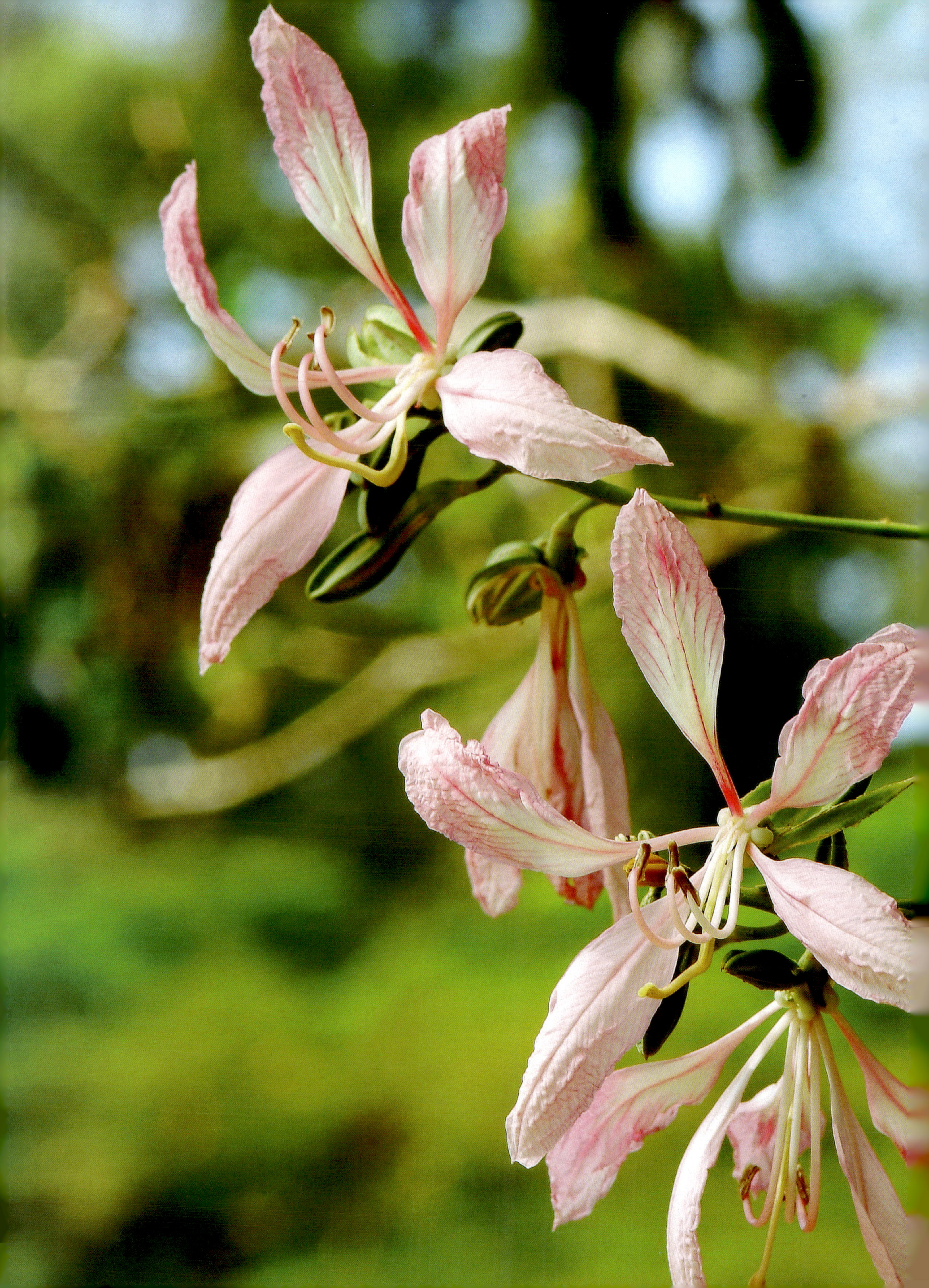

Pata-de-vaca
Bauhinia purpurea

Árvore de porte mediano com copa arredondada muito ornamental, a pata-de-vaca é indicada para cultivo em calçadas estreitas. Suas flores vão do lilás ao rosa-claro dependendo do cultivo são formadas entre o outono e o inverno. Elas têm formato estrelar e quando florescem colorem a árvore.

FICHA TÉCNICA
- **Origem:** Índia e Sri Lanka
- **Família:** Leguminosas (*Leguminosae*)
- **Característica:** Árvore perenifólia de até 6 m de altura
- **Clima:** Tropical, tolera clima subtropical
- **Luminosidade:** Sol pleno
- **Propagação:** Por semente

Planta-batom
Aeschynanthus pulcher

Espécie pendente indicada para locais sombreados com bastante luminosidade, a planta-batom recebeu esse nome popular por conta do formato do botão floral vermelho, que começa a surgir dentro do cálice verde e ganha volume até as flores se abrirem.

FICHA TÉCNICA
- **Origem:** Java, na Indonésia
- **Família:** Gesneriáceas (*Gesneriaceae*)
- **Característica:** Herbácea epífita, pendente, com ramos de até 60 cm
- **Clima:** Tropical quente e úmido. Não tolera o frio
- **Luminosidade:** Meia-sombra ou locais bem iluminados
- **Propagação:** Por estaquia

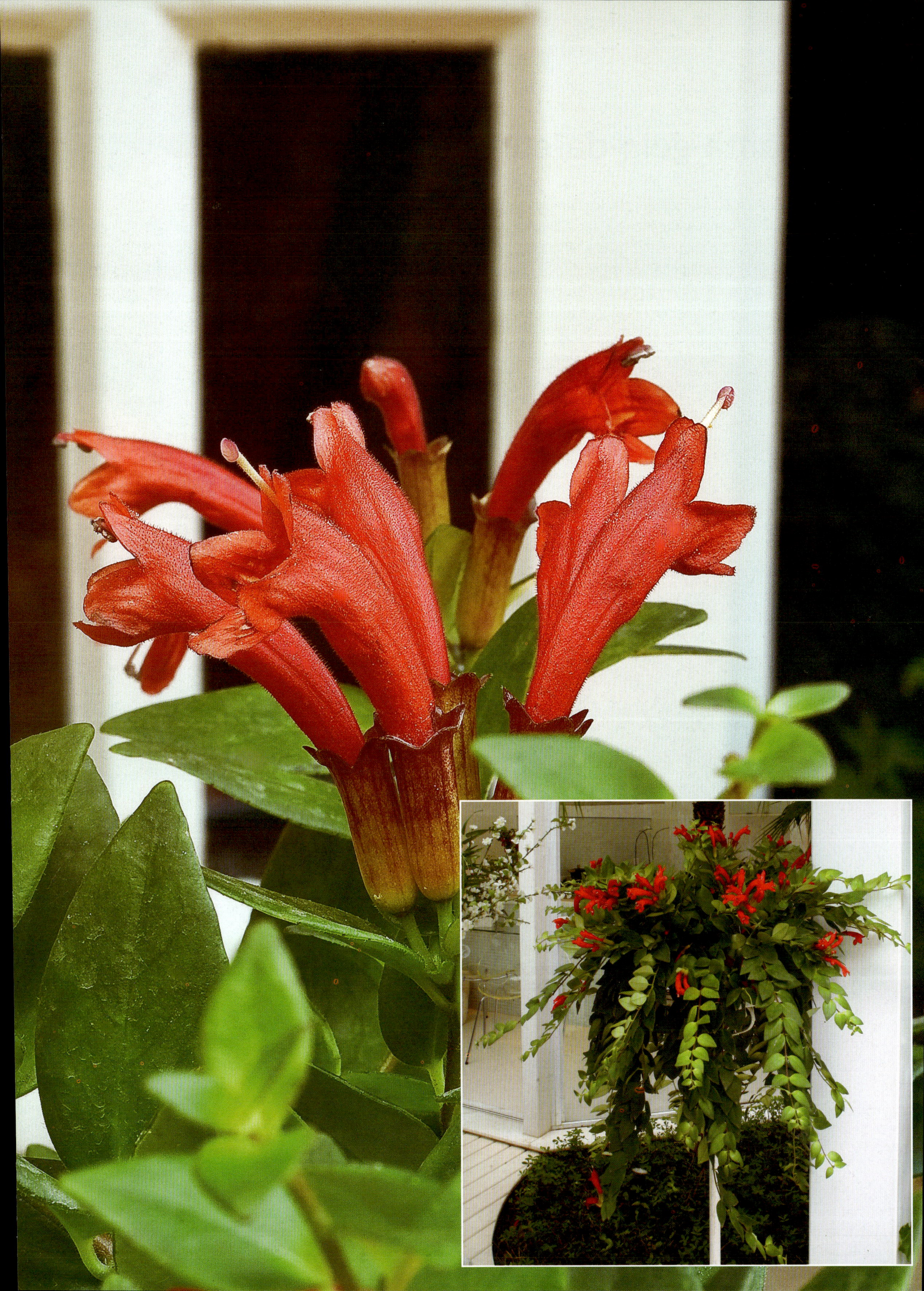

Planta-gelo-da-europa
Sedum telephium

Normalmente cultivada em maciços no canteiro, a vigorosa e suculenta floresce durante o verão e o outono, colorindo o espaço com o tom rosa-coral das inflorescências. Elas são ramificadas e surgem na ponta dos ramos. Outro atrativo da planta são as folhas verde-escuras de até 7 cm de comprimento, carnosas e ovaladas, com as bordas denteadas.

FICHA TÉCNICA

- **Origem:** Europa e Ásia
- **Família:** Crassuláceas (*Crassulaceae*)
- **Característica:** Suculenta herbácea, ereta e com até 60 cm de altura
- **Clima:** Temperado, tolerante a temperado quente
- **Luminosidade:** Sol pleno ou meia-sombra
- **Propagação:** Por sementes ou mudas que nascem ao redor da planta-mãe

Fotos: Aydano Roriz

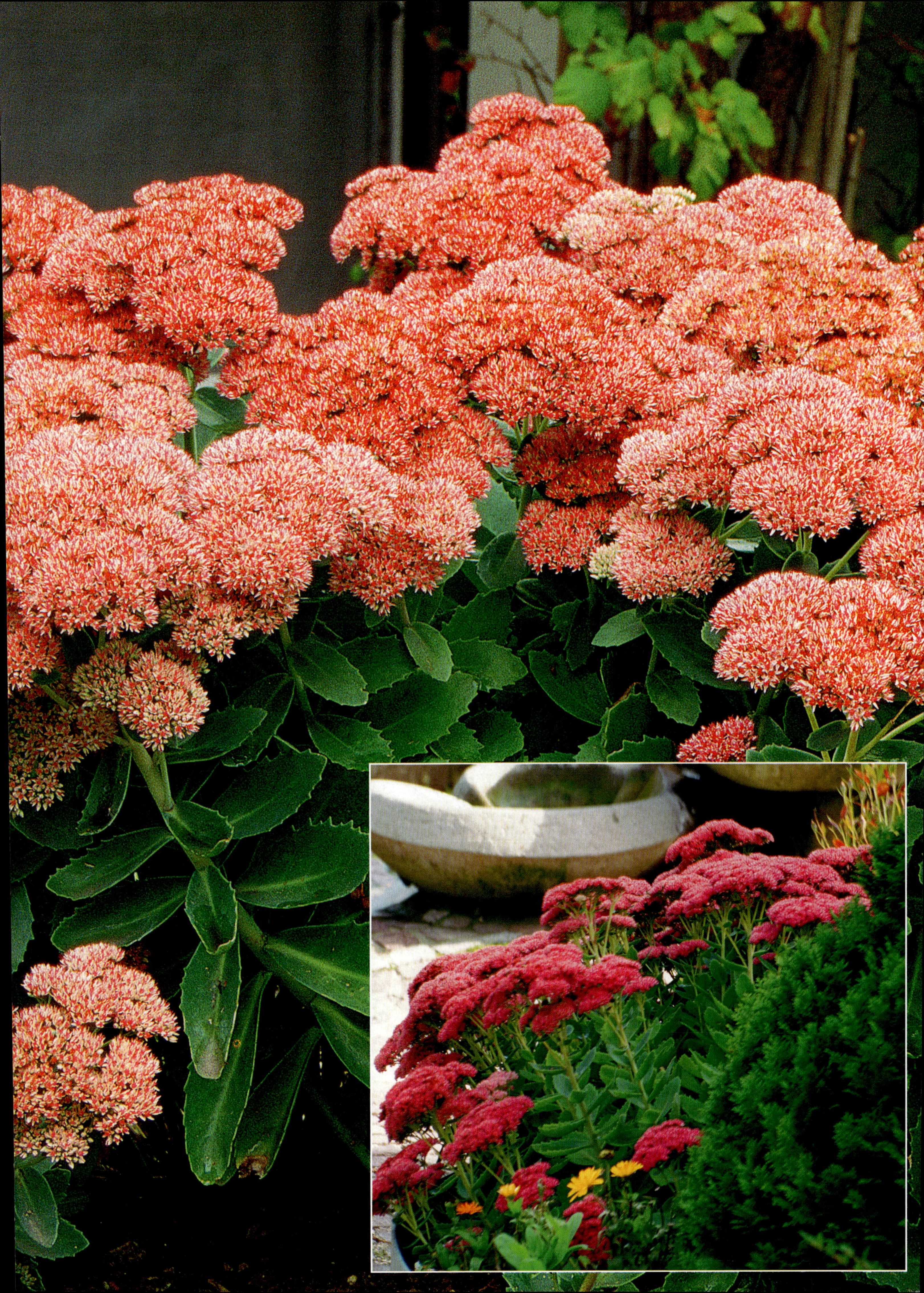

Quaresmeira-rasteira
Heterocentron elegans

Delicadas flores púrpuras surgem entre folhas verde-musgo durante boa parte do ano, mas a exuberância ocorre entre o verão e o outono. A quaresmeira-rasteira possui longos ramos, quase invasivos, e, por isso, ornamenta o jardim de várias formas. Pode ser usada em vasos, como pendente, em jardineiras, canteiros e servir como forração sob sol pleno ou meia-sombra.

FICHA TÉCNICA

- **Origem:** México
- **Família:** Melastomatáceas (*Melatosmataceae*)
- **Característica:** Herbácea perene, prostrada, ramificada e com ramos de até 1,5 m de comprimento
- **Clima:** Tropical e subtropical. Não é indicada para locais frios como as regiões serranas do Sul do Brasil e não tolera geadas
- **Luminosidade:** Sol pleno ou meia-sombra
- **Propagação:** Pela ramagem já enraizada

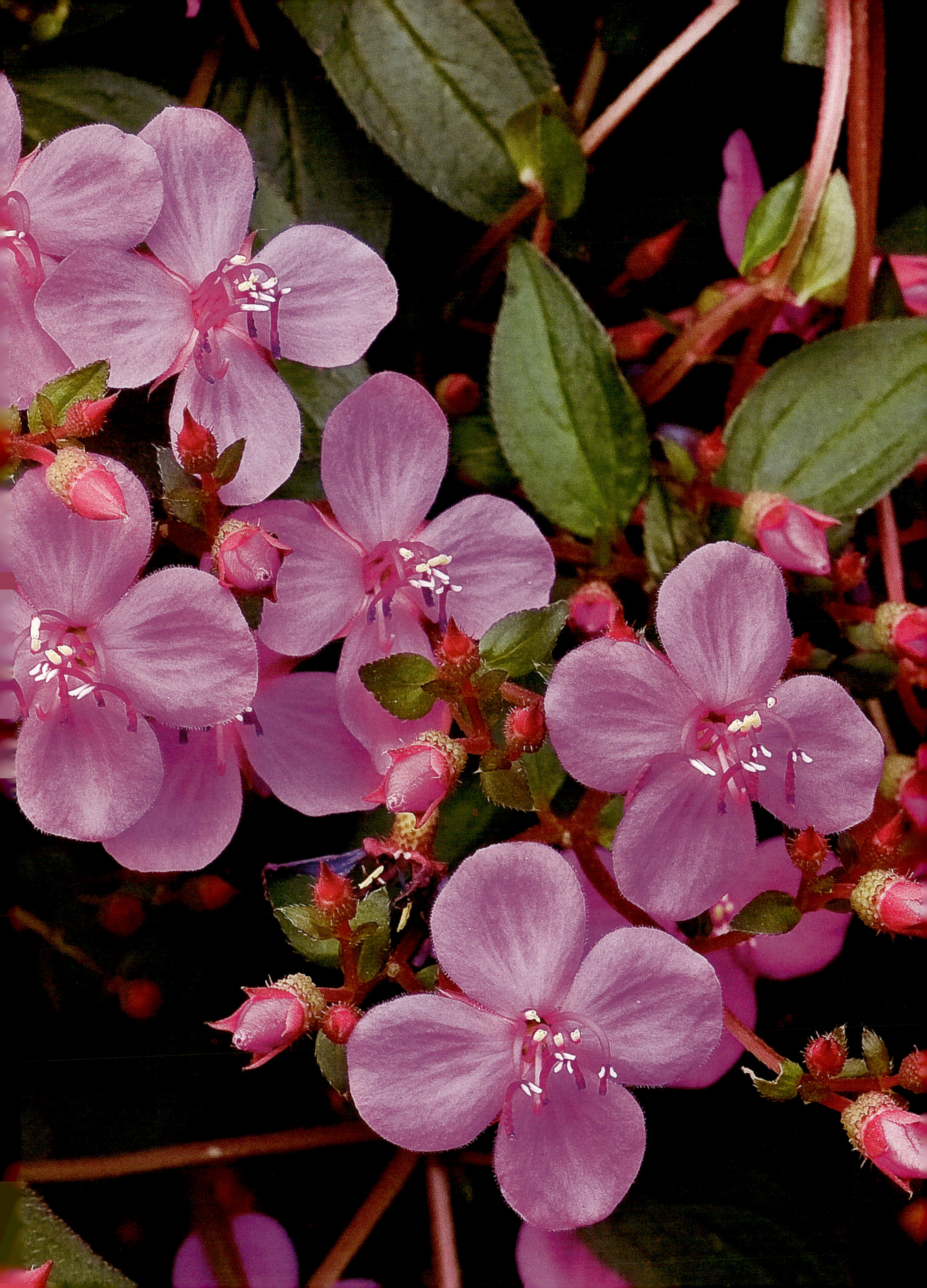

Rosa-de-pedra-sedosa
Echeveria setosa

Por apresentar folhas e flores encobertas por penugens esbranquiçadas, é uma das mais belas plantas do gênero *Echeveria*. As folhas são verde-claras e carnosas e formam uma roseta com até 15 cm de diâmetro. Apresenta inflorescências compostas por pequenas flores avermelhadas por fora e alaranjadas por dentro, que surgem no outono e no inverno. Nativa do México, a espécie é típica de clima tropical árido e deve ser cultivada em solo arenoso acrescido de matéria orgânica. A reprodução ocorre por mudas da planta-mãe ou estaquia de folhas.

FICHA TÉCNICA
- **Origem:** México
- **Família:** Crassuláceas (*Crassulaceae*)
- **Característica:** Suculenta herbácea, pouco ramificada, de até 30 cm de altura
- **Clima:** Tropical árido
- **Luminosidade:** Meia-sombra
- **Propagação:** Por mudas da planta-mãe ou estaquia de folhas

81

Ruélia-vermelha
Ruellia chartacea

Nativa da Amazônia Ocidental, a ruélia-vermelha é um arbusto de até 80 cm de altura que não tolera baixas temperaturas, nem mesmo no inverno. As inflorescências surgem na ponta dos ramos durante o verão e o outono e são formadas por brácteas vermelhas e flores em forma de tubo, adoradas por beija-flores. O cultivo deve ocorrer em solo permeável à meia-sombra. Multiplica-se com facilidade por estaquia – de preferência após a florada – e não exige muitos cuidados após o plantio.

FICHA TÉCNICA
- **Origem:** Brasil
- **Família:** Acantáceas (*Acanthaceae*)
- **Característica:** Arbusto de até 80 cm de altura
- **Clima:** Tropical
- **Luminosidade:** Meia-sombra
- **Propagação:** Por estaquia

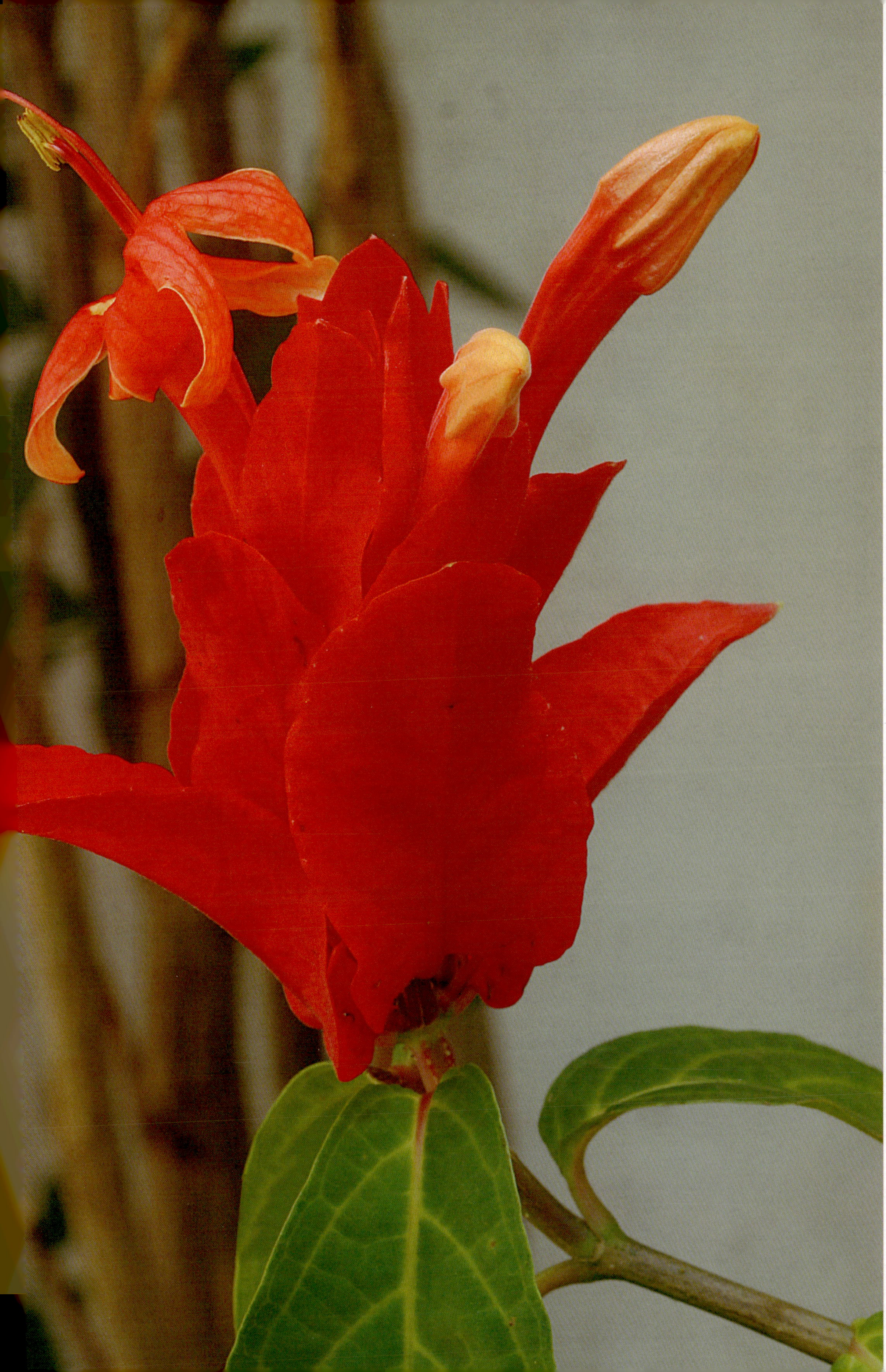

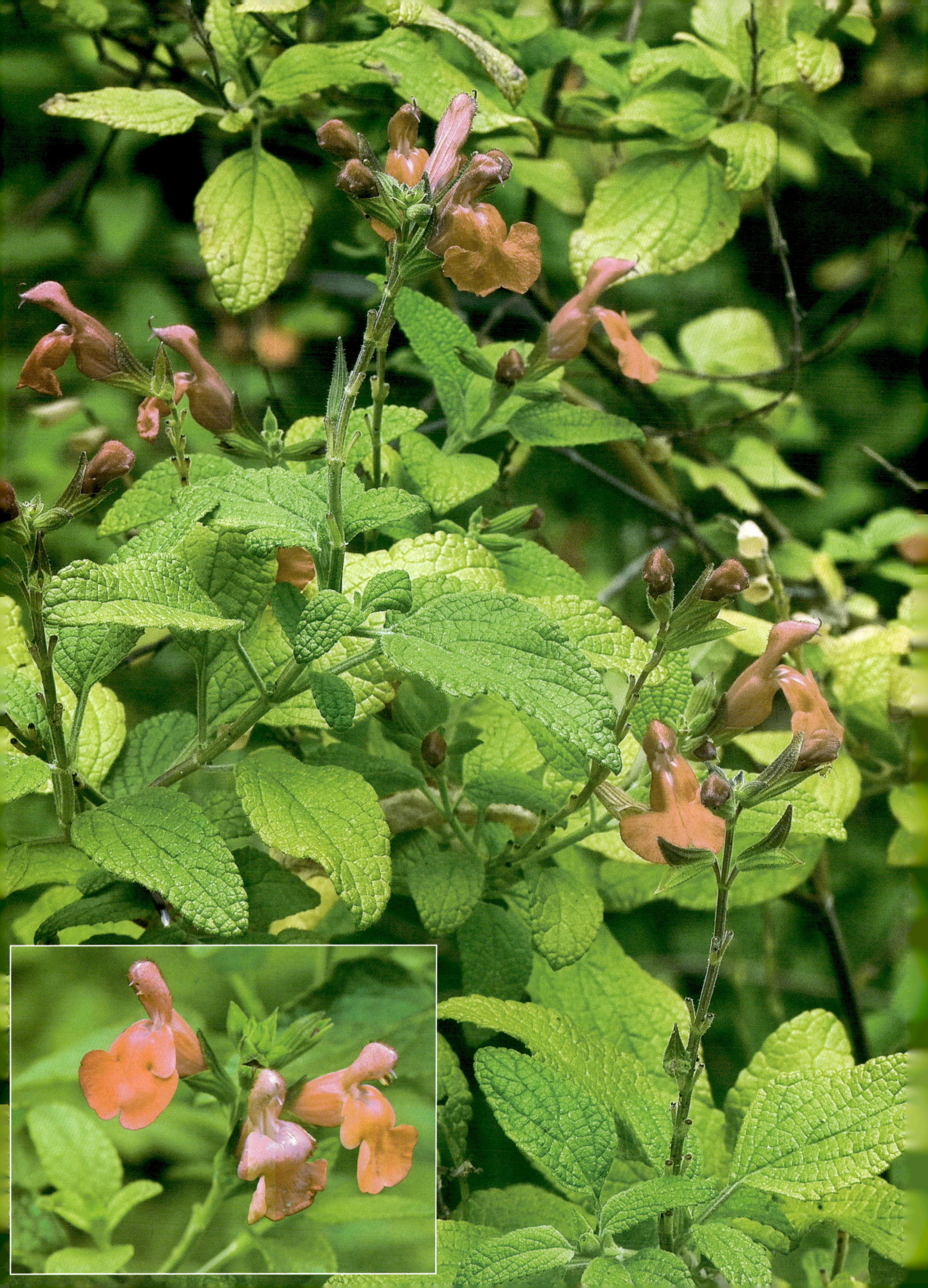

FICHA TÉCNICA

- **Origem:** Estados Unidos e México
- **Família:** Labiadas (*Labiatae*)
- **Característica:** Arbusto perene de até 1,5 m de altura
- **Clima:** Subtropical, tolerante à seca
- **Luminosidade:** Sol pleno ou meia-sombra
- **Propagação:** Por sementes ou estaquia

Sálvia-cereja
Salvia microphylla var. *neurepia*

Arbusto ornamental tanto pela folhagem como pelas flores. As folhas são verde-claras com textura coriácea, e as flores possuem um tom de vermelho vivo. De formato curioso, elas florescem desde os meses de verão até os de inverno e atraem borboletas e beija-flores. Pode ser usado isolado ou em grupos, formando maciços ou renques.

Sofronites
Hadrolaelia coccinea

As flores surgem entre maio e setembro com pétalas e sépalas arredondadas e em tons vivos de vermelho e laranja. Anteriormente conhecida como *Sophronitis coccinea*, é uma orquídea que adora sol pleno, desde que haja muita umidade e vento. Originária da serra do mar, a espécie é nativa do Estado de São Paulo até o Rio Grande do Sul, onde cresce sobre árvores ou rochas.

FICHA TÉCNICA

- **Origem:** Mata atlântica do Sul e Sudeste do Brasil
- **Família:** Orquidáceas (*Orchidaceae*)
- **Característica:** Orquídea herbácea, perene e epífita
- **Clima:** Tropical e subtropical de baixa altitude
- **Luminosidade:** Sol pleno

Trepadeira-limão
Pereskia aculeata

Muito ornamental, mesmo quando não está florida, a trepadeira-limão fica ainda mais exuberante no outono ao ficar encoberta por suas flores. As inflorescências com aroma de limão se formam nas extremidades dos ramos e abrem-se gradativamente. Depois, dão origem aos frutos arredondados de cor laranja. A planta é indicada para revestir muros, cercas e alambrados como planta defensiva por ser muito espinhenta.

FICHA TÉCNICA

- **Origem:** América tropical
- **Família:** Cactáceas (*Cactaceae*)
- **Característica:** Trepadeira semilenhosa, escandente, com folhas carnudas e espinhos nos ramos
- **Clima:** Tropical, tolerante a subtropical desde que não seja serrano
- **Luminosidade:** Sol pleno
- **Propagação:** Por estaquia ou sementes

89

Trepadeira-sanguínea
Manettia cordifolia

Compacta e de aspecto delicado, a espécie é nativa do Brasil e floresce intensamente entre o verão e o outono. As flores são tubulares em tom vermelho-sangue e surgem solitárias ou em grupos, atraindo muitos beija-flores, seu principal polinizador. No paisagismo, é adequada para revestir muros, cercas e postes e, embora seja típica de clima tropical, suporta temperaturas baixas.

FICHA TÉCNICA

- **Origem:** Brasil
- **Família:** Rubiáceas (*Rubiaceae*)
- **Característica:** Trepadeira compacta, com ramos finos e crescimento moderado
- **Clima:** Tropical, tolerante a subtropical
- **Luminosidade:** Sol pleno
- **Propagação:** Por alporquia, sementes ou estaquia

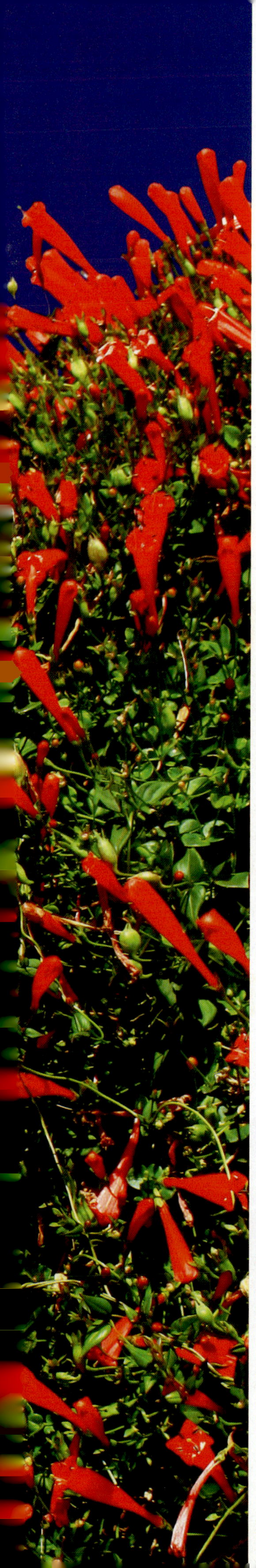
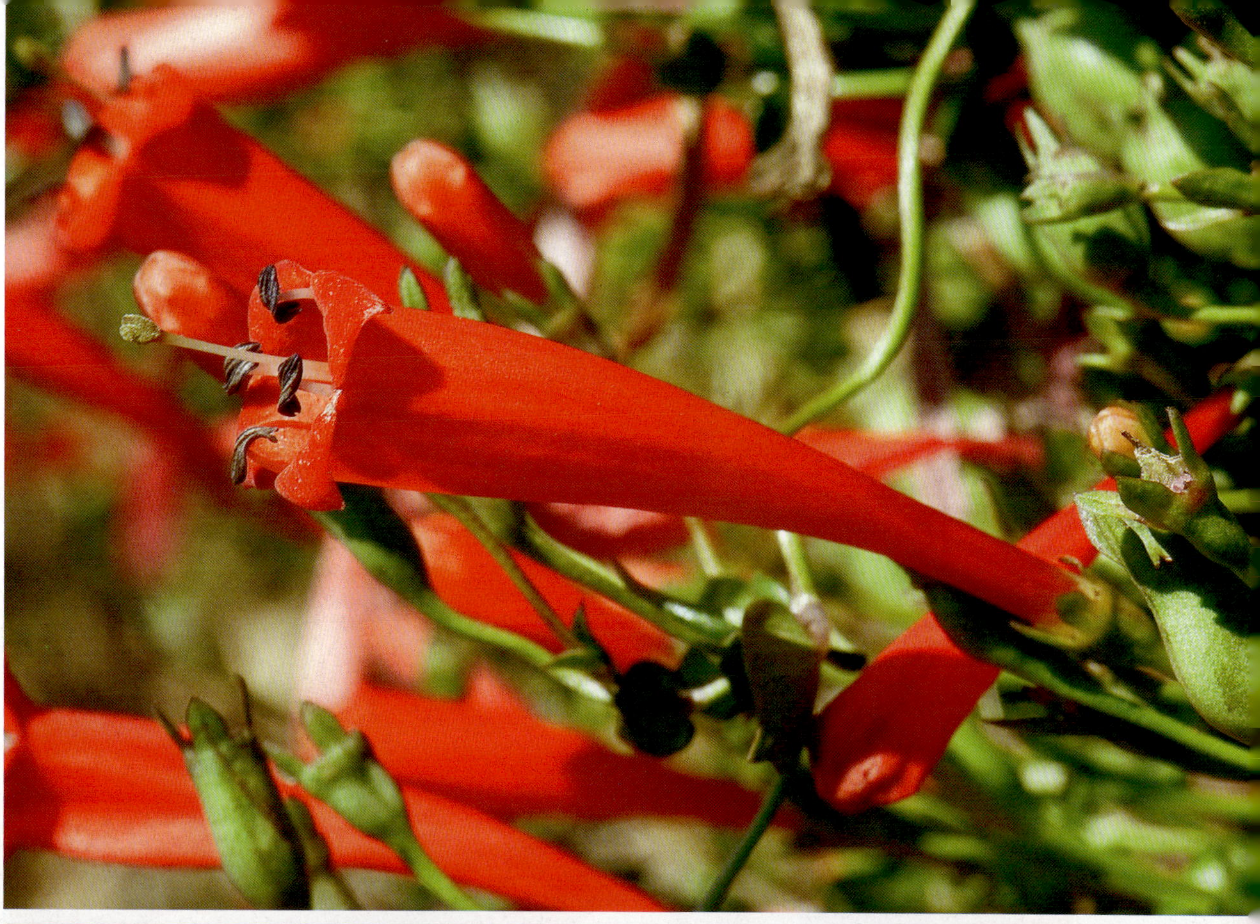
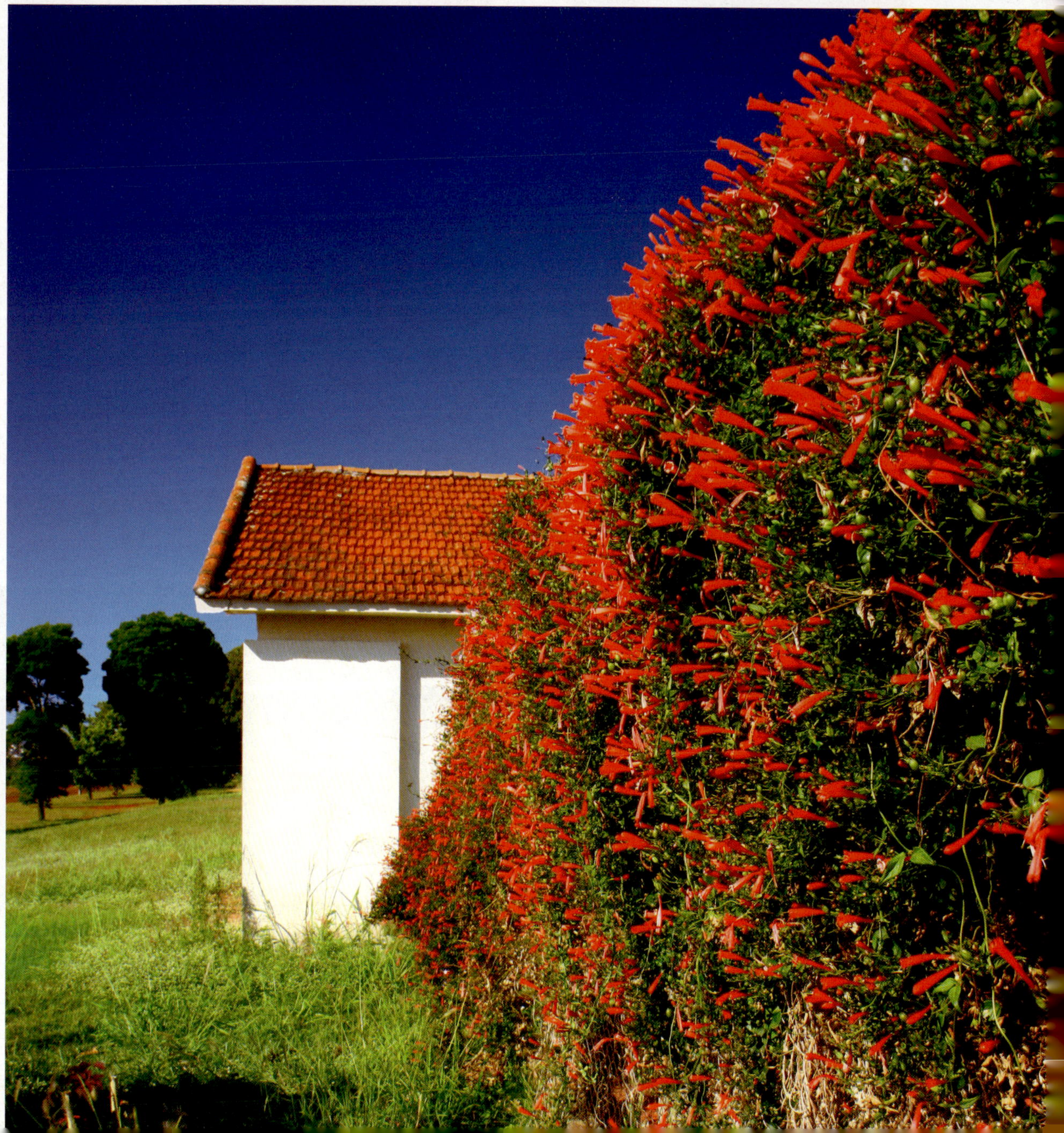

Trombeta-da-china
Campsis grandiflora

Dona de uma florada muito ornamental, que vai do verão ao outono, com flores grandes que surgem nas pontas dos ramos. Apresentam coloração vermelho-alaranjada e curiosa forma de trombeta. Suas raízes adventícias aderem com facilidade a estruturas, muros e colunas. Exige muito cuidado quando cultivada próxima a telhados que podem ser danificados pelos ramos vigorosos da planta.

FICHA TÉCNICA
- **Origem:** China e Japão
- **Família:** Bignoniáceas (*Bignoniaceae*)
- **Característica:** Trepadeira semilenhosa muito vigorosa
- **Clima:** Subtropical frio, resistente a geadas
- **Luminosidade:** Sol pleno
- **Propagação:** Por sementes ou estaquia

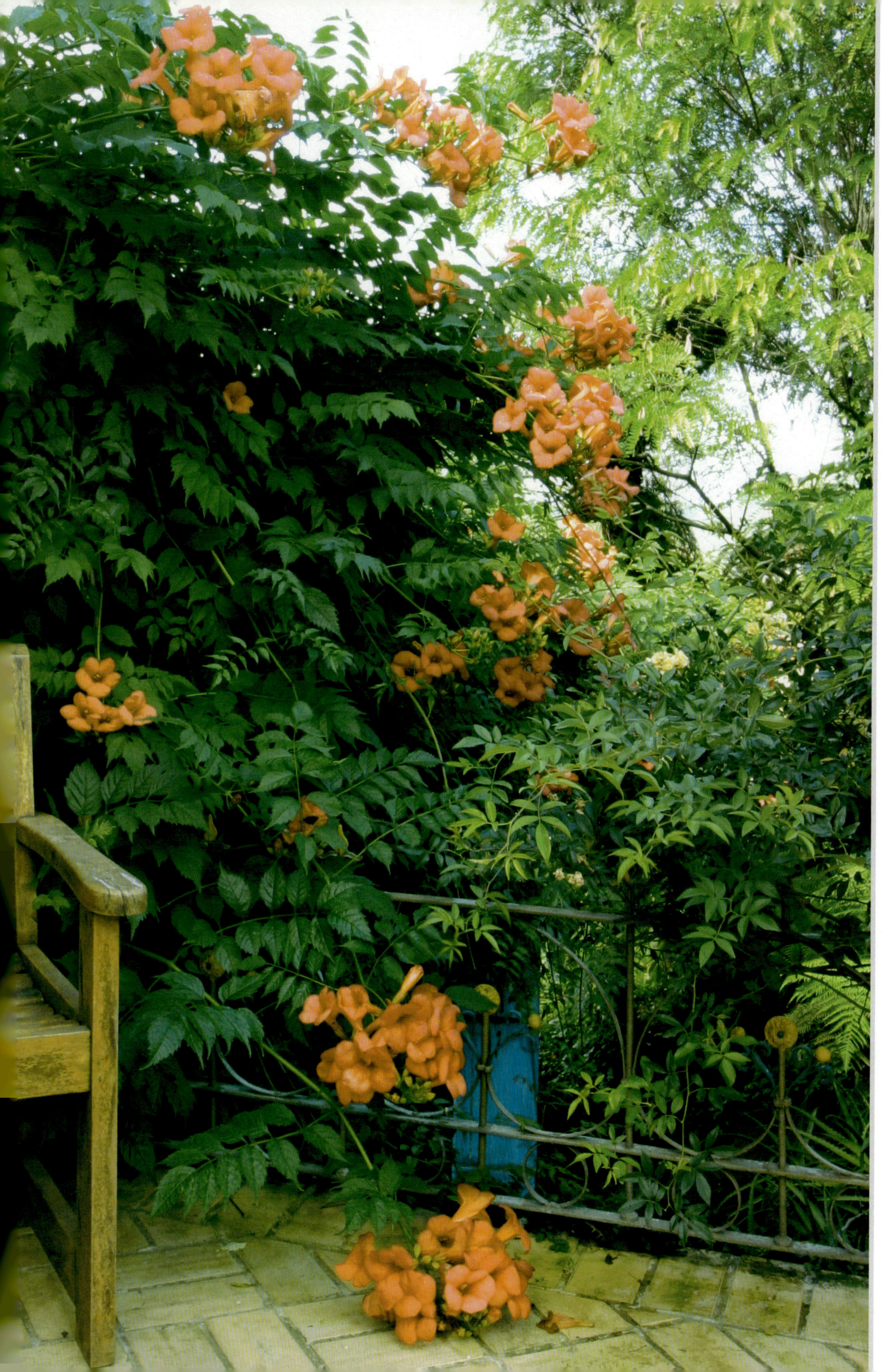

Trudélia
Trudelia cristata

Orquídea pouco comum fora do seu local de origem, nas encostas do Himalaia, em Bangladesh. No outono, surgem flores amarelo-esverdeadas sustentadas por hastes curtas, que apresentam um longo labelo alaranjado com estrias pretas. Típica do clima tropical das regiões com mais de 2.000 m de altitude, a trudélia tolera clima subtropical, desde que plantada sob sol pleno e em local bem ventilado. Pode ser cultivada em cascas de pínus tratadas, placas de fibra de coco ou direto no tronco de árvores. Regue a cada dois dias e realize adubações semanais com NPK 4-14-8.

FICHA TÉCNICA

- **Origem:** Encostas do Himalaia, em Bangladesh
- **Família:** Orquidáceas (*Orchidaceae*)
- **Característica:** Orquídea herbácea, perene e epífita
- **Clima:** Tropical de altitude de até 2.000 m
- **Luminosidade:** Sol pleno

Zigopétalo
Zigopetalum crinitum

As flores da orquídea despontam no fim do verão e no início do outono. Elas nascem ao longo de uma rígida haste, são muito perfumadas e chegam a 7 cm de diâmetro. São verdes com manchas marrons e possuem um grande labelo esbranquiçado intensamente estriado em um tom de vinho. Aprecia muito a variação de temperatura entre o dia e a noite.

FICHA TÉCNICA

- **Origem:** Mata Atlântica das regiões Sul e Sudeste do Brasil
- **Família:** Orquidáceas (*Orchidaceae*)
- **Característica:** Herbácea perene, epífita ou terrestre
- **Clima:** Tropical e subtropical
- **Luminosidade:** Meia-sombra
- **Propagação:** Por divisão da planta